Business Approach to
Hydrogen Economy

日本の国家戦略

「水素エネルギー」で飛躍するビジネス

198社の最新動向

西脇文男
Nishiwaki Fumio

東洋経済新報社

はじめに

「水素社会」という言葉を、最近よく耳にします。燃やしても二酸化炭素（CO_2）を出さない水素（H_2）を、化石燃料に代わる基幹エネルギーとして利活用する「水素社会」の実現に向けて、世界は動き始めています。

なかでも日本は、これを国策として強力に推進しています。背景には、福島の原発事故以降、化石燃料への依存度が一段と高まり、エネルギー安全保障とCO_2排出削減に課題が出てきたことがあります。加えて、水素エネルギー分野で強い競争力を持つ日本として産業政策の観点もあるでしょう。

水素には、化石燃料の代替という以外に、「エネルギーキャリア」という、もう一つの重要な役割があります。これがいま話題のＥＶ（Electric Vehicle：電気自動車）との大きな違いです。水素は、単に自動車にとどまらず、産業・社会全体に巨大転換をもたらす可能性があるのです。

詳細は第7章をお読みいただきたいと思いますが、簡単に言うと、電気やその他のエネルギーを水素に変えて貯蔵したり、遠くに運んだりできるということです。出力不安定な再生可能エネルギー発電は系統接続に制約がありますが、電力の不安定部分や余剰部分を水素に変えて（P2G：Power to Gas）貯蔵することで制約がなくなり、再生可能エネルギー（再エネ）の導入量を飛躍的に拡大できます。また、海外からの水素サプライチェーンを構築し、低コストの海外エネルギーを大量かつ安定的に輸入する途を開きます。これは、他のエネルギーにはない、水素の大きなメリットであり、これこそが「水素社会」の核心と言っても過言ではありません。

本書の内容は、第1章から第4章までが、水素エネルギーの利用に関するものです。

第1章では、燃料電池自動車（FCV：Fuel Cell Vehicle）の普及拡大に向けての課題や、今後の見通しについて述べています。世界の自動車産業は今、EVシフトへ大きく舵を切っています。その中で、国策としてFCV普及を進める日本。その意味するところや、次世代環境車の主役はEVかFCVか、について論じます。また、自動車メーカーや部品・部材メーカーのFCVへの取り組み、ビジネス戦略等にも触れています。

第2章はFCV普及に不可欠な水素ステーションの整備について、第3章は水素エネルギーの利用方法で最も一般的な燃料電池について、第4章は化石燃料を代替する水素発電について、関連する企業の動向を含め、現状と将来の方向性、技術開発動向等を詳しく記述しています。

第5章と第6章は、水素の製造、輸送、貯蔵です。いろいろな製造方法、輸送・貯蔵方法について、特色やコスト面・技術面の課題、今後の見通しを解説しています。個別の企業については、シェアの高い企業、注目される企業について記載しています。

第7章では、前述のエネルギーキャリアとしての役割と可能性について述べるとともに、P2G実証事業および、海外からの水素サプライチェーン事業の実例を紹介しています。

第8章では、水素社会の実現に向けて、全国で展開されている実証プロジェクトを紹介するとともに、その代表ともいえる「東京2020オリンピック・パラリンピック競技大会」での取り組みを概観します。また、「『水素社会』は実現するか?」、その道筋も含めて解説しています。

巻末に、セクター毎の個別企業動向の一覧表を掲載しました。クイックリファレンスにご活用ください。

なお、個別企業の動向は、大企業からベンチャー企業まで、水素エネルギービジネスに関連する企業をできるだけ幅広く採り上げました。ヒアリング、各社の発表文書やホームページ、各種報道資料などをベースに、最新かつ正確を期したつもりですが、多くのケースで会社に直接確認していないケースもあり、また、技術的な説明はわかりやすく簡略化していますので、正確さを欠く点もあるかと思います。これらはすべて筆者の責に帰すものです。

筆者が水素エネルギーと関わりを持つきっかけとなったのは、一昨年（2016年）春、グレーター東大塾「『水素社会』から日本のエネルギーの未来を考える」に参加する機会を得たことです。

塾長を東京大学教養学部附属教養教育高度化機構環境エネルギー科学特別部門長の瀬川浩司教授が務められ、毎回の講座には、水素エネルギーの分野で日本を代表する学者や企業経営者が講師として来られ、現時点で最新かつ最高レベルの講義を受けることができました。塾生の多くは、所属する企業や研究機関で、水素関連の技術研究やビジネス企画に携わっておられる、これからの水素社会構築を引っ張っていかれる方々です。講座終了後も、塾生有志が定期的に集まり、研究会や水素関連施設見学会を開催しています。この会合には、瀬川浩司先生、副塾長の久保貴哉特任教授にも毎回ご参加いただいています。

本書執筆にあたって、瀬川先生はじめ、塾生の皆さまから、多くのご教示と貴重なアドバイスをいただきました。心から感謝申し上げます。

また、東洋経済新報社出版局編集委員の南翔二氏には、本書企画段階から有益なアドバイスをいただくとともに、拙文を編集していただきました。厚く御礼申し上げます。

2018年5月

西脇　文男

目次

第1章　究極のエコカー燃料電池自動車

第2章　水素ステーション

第3章　燃料電池

第４章　水素発電

第5章　水素の製造

第6章　水素の輸送と貯蔵

第7章 エネルギーキャリアとして期待される役割と広がる可能性

2

第8章　水素社会の実現を目指して

序章

水素エネルギーが未来を拓く

1　エネルギーと環境

化石エネルギーで地球温暖化が進展

世界のエネルギー消費量は、産業革命以降急速に増加しました。その大部分は化石燃料です。化石燃料の恩恵なしには、いまわれわれが享受している現代文明も便利で豊かな生活も実現していなかったでしょう。

しかし、化石燃料はこのまま使い続ければ、早晩枯渇してしまいます。今後新興国中心に経済発展が見込まれますが、これまでのように化石燃料の消費を拡大していくことは、持続可能なことではありません。

さらに、化石燃料は燃焼時にCO_2を排出します。これが地球温暖化の元凶とされています。

ＩＰＣＣ（Intergovernmental Panel on Climate Change＝国連気候変動に関する政府間パネル）の評価報告書によれば、地球の気温は過去約１３０年間で０・85℃上昇しました。CO_2排出を抑制せずこのまま出し続ければ、今世紀末には最大４・８℃上昇すると見込まれます。

【図表0-1】 世界のエネルギー消費量と人口の推移

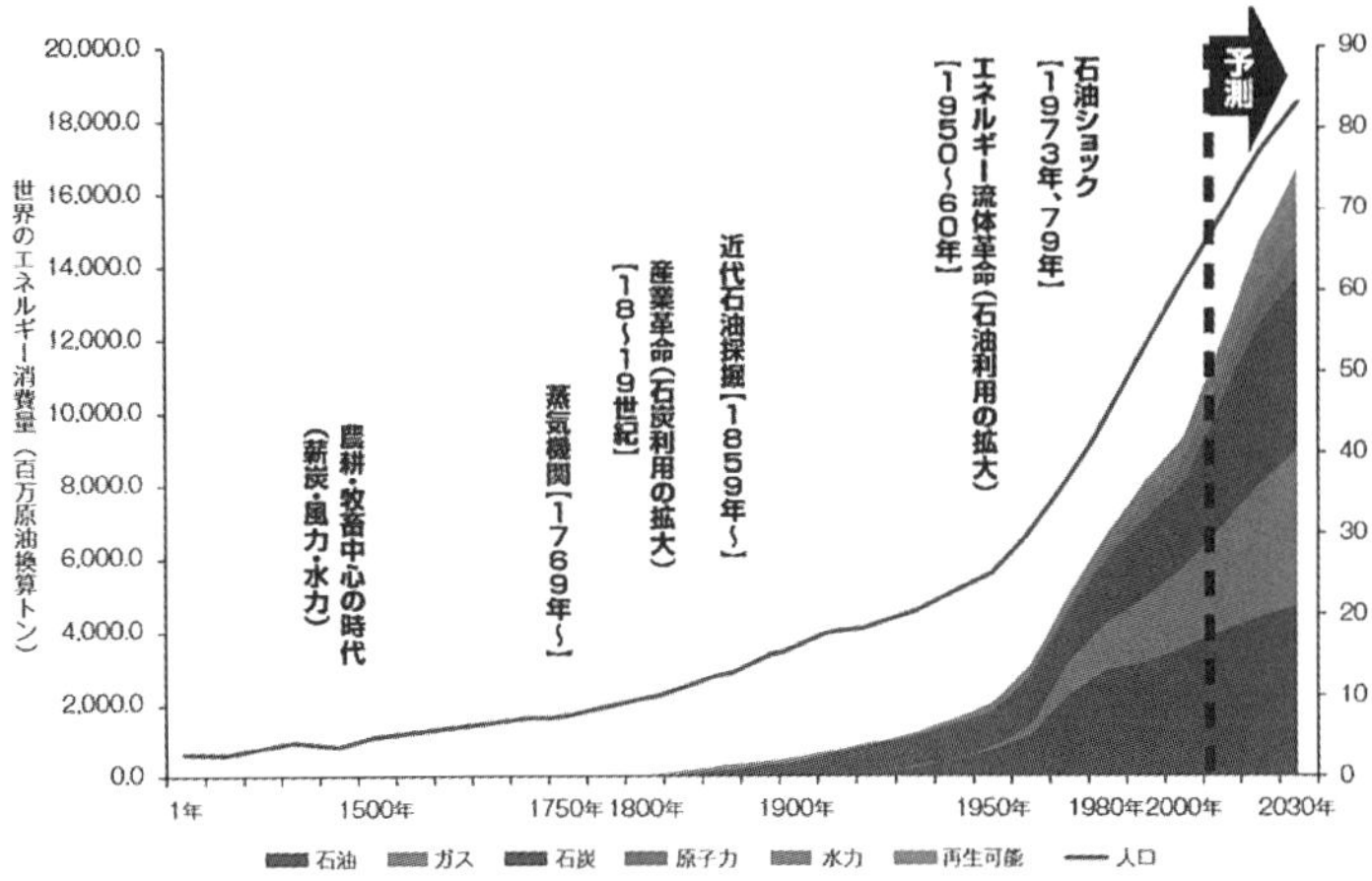

出典：資源エネルギー庁「エネルギー白書2013」

【図表0-2】 世界の地上気温の経年変化（年平均）／1950 ～ 2100年までの気温変化（観測と予測）

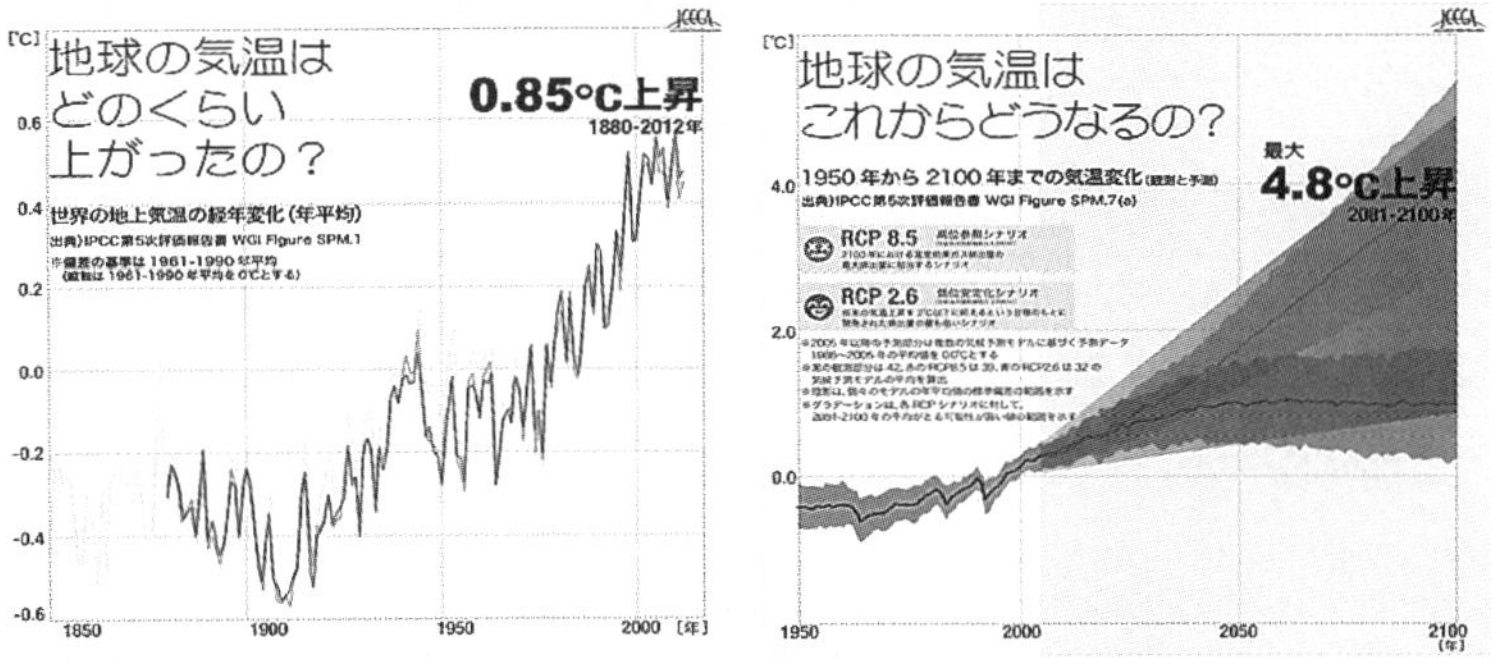

出典：全国地球温暖化防止活動推進センター（原典はIPCC（WGI）第5次評価報告書（2013））

【図表0-3】各国のCO_2排出量削減目標

	日本（13年比）	米国（05年比）	カナダ（05年比）	ドイツ（90年比）	フランス（90年比）
2030年	▲26%	▲26～28%	▲30%	▲40%	▲40%
2050年	▲80%	▲80%	▲80%	▲80～95%	▲75%

※日の2050年目標の基準年は未定
※米の05年比▲26～28%は2025年目標

出典：第10回水素・燃料電池戦略協議会事務局「水素社会実現に向けた戦略の方向性」（2017.9.22）

「パリ協定」全参加国がCO_2削減目標を提出

２０１５年12月パリで開催されたＣＯＰ21（国連気候変動枠組条約第21回締約国会議）で、「パリ協定」が採択されました。その内容は、長期目標として、産業革命前からの平均気温上昇を２℃未満（できれば１・５℃以内）に抑えること、および今世紀後半に人為起源の温室効果ガス排出量を正味ゼロにしていく方向を打ち出しました。

そのために、途上国を含めすべての国が、排出量削減の自主的目標を提出することが義務付けられ、５年ごとに目標を見直し改善していく仕組みも盛り込まれました。

京都議定書では、排出量で世界1位、２位の中国と米国が参加せず、世界の排出量の２割強を占める国々しか削減義務を負っていませんでした。パリ協定は、１９６の締約国・地域のすべてが削減目標を提出し、世界全体が団結して取り組む、画期的な国際合意と言えます（**注**）。

日本はパリ協定において、２０３０年度の温室効果ガス排出量を２０１３年度比で26％削減する目標を提出してい

ます。さらに、パリ協定とは別に、２０５０年までに80％削減する長期目標を掲げていま
す。パリ協定の２０３０年度26％削減はもちろんのこと、２０５０年の80％削減も閣議決
定し、世界へ発信しているもので、国際公約と言っていいでしょう。

（注）米国は、２０１７年６月トランプ大統領がパリ協定離脱を表明。これに対し、米国以外の国々はパリ協定遵守の立場を堅持しており、また米国内でも、カリフォルニア州、ニューヨーク州はじめ13の州が、独自にパリ協定の目標に取り組むことを表明しています。

２　エネルギー問題・環境問題解決の切り札「水素」

CO_2削減に向けたわが国の取り組み

CO_2排出量を削減するには、化石燃料の使用量を減らすしかありません。

しかし、福島の原発事故後、化石燃料への依存度が大幅に高まってしまいました。

２０１５年度のわが国では一次エネルギー供給量の91％が化石燃料です。また、総発電量の84％は化石燃料を使った火力発電によるものです。

２０３０年度までに26％削減するために、政府は「長期エネルギー需給見通し」を取り

まとめ、閣議決定しました。その内容は、徹底した省エネでエネルギーの最終消費量を13％削減するとともに、電源構成で84％を占める化石燃料の比率を56％に引き下げること。残る44％はCO_2を排出しないゼロエミッション電源で、その内訳は原子力が20～22％、再生可能エネルギーが22～24％です。

省エネや再エネ拡大がどこまでできるか、原発の再稼働はスムーズに進むのか、など課題も多く、計画達成は容易ではありません。政府・産業界がタッグを組んで、知恵と技術（金も）を出し合って取り組む必要があります。

水素エネルギー利活用のメリット

さらに、２０５０年までの80％削減となると、ハードルは一段と高くなります。これまでの延長線上の対策では、到底達成できません。

そこで、化石燃料の消費量を抜本的に減らすために、有力な代替エネルギー源として「水素」の活用に大きな期待が集まっています。

水素エネルギーを利活用することのメリットは、まず何といっても環境性です。水素エネルギーはエネルギー効率が高く、使用時にCO_2を排出しません。将来的には、再生可能エネルギー発電などと組み合わせることにより、製造段階から完全にCO_2フリー化が可能です。第二に、水素は地球上に豊富に存在しており、枯渇の心配がありません。

これに加えて、特に日本にとっては、次の二つの側面で大きな意義があります。

一つはエネルギーセキュリティーです。先に書いたように、日本の一次エネルギー供給量の91％は化石燃料です。そのほとんどが海外からの輸入です。しかも、石油や天然ガスは産出国が偏っており、オイルショックを振り返るまでもなく、地政学的リスクが高く、常に供給の安定性に課題を抱えています。

水素は、国内でも製造していますし、輸入するにしても、地政学的リスクや価格急騰リスクはそれほど心配いりません。

もう一つは産業振興です。「水素社会の実現」はアベノミクスの成長戦略の重要な政策の一つとなっています。水素エネルギー分野で、日本は強い競争力を持っています。水素エネルギーが世界で広く利用されるようになれば、日本企業にとって大きなビジネスチャンスであり、日本経済全体の活性化と雇用の拡大につながります。

水素社会実現に向けた基本戦略

政府は、2017年12月に開催した「第2回再生可能エネルギー・水素等閣僚会議」で水素社会実現に向けた「水素基本戦略」を決定しました。

その中身は、2050年に目指す水素社会のビジョンと、その実現に向けた2030年までの行動計画を示すものです。目標として、従来エネルギー（ガソリンや液化天然ガス

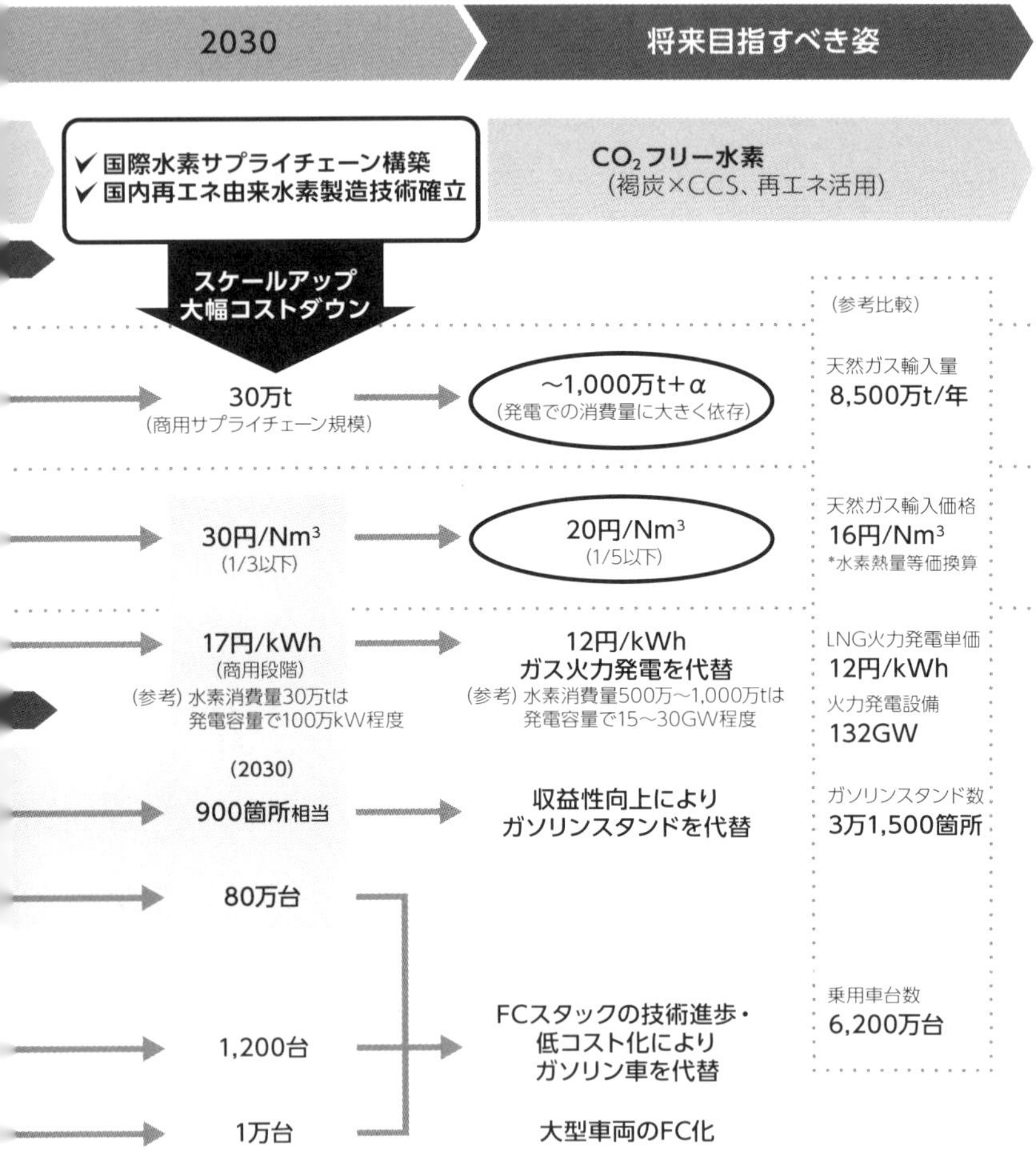
2030
将来目指すべき姿
✔ 国際水素サプライチェーン構築
✔ 国内再エネ由来水素製造技術確立
CO_2フリー水素
（褐炭×CCS、再エネ活用）
スケールアップ
大幅コストダウン
（参考比較）
30万t
（商用サプライチェーン規模）
~1,000万t+α
（発電での消費量に大きく依存）
天然ガス輸入量
8,500万t/年
30円/Nm³
（1/3以下）
20円/Nm³
（1/5以下）
天然ガス輸入価格
16円/Nm³
*水素熱量等価換算
17円/kWh
（商用段階）
（参考）水素消費量30万tは
発電容量で100万kW程度
12円/kWh
ガス火力発電を代替
（参考）水素消費量500万~1,000万tは
発電容量で15~30GW程度
LNG火力発電単価
12円/kWh
火力発電設備
132GW
（2030）
900箇所相当
収益性向上により
ガソリンスタンドを代替
ガソリンスタンド数
3万1,500箇所
80万台
1,200台
1万台
FCスタックの技術進歩・
低コスト化により
ガソリン車を代替
大型車両のFC化
乗用車台数
6,200万台

概案」（2017.12.26）

【図表0-4】水素基本戦略のシナリオ

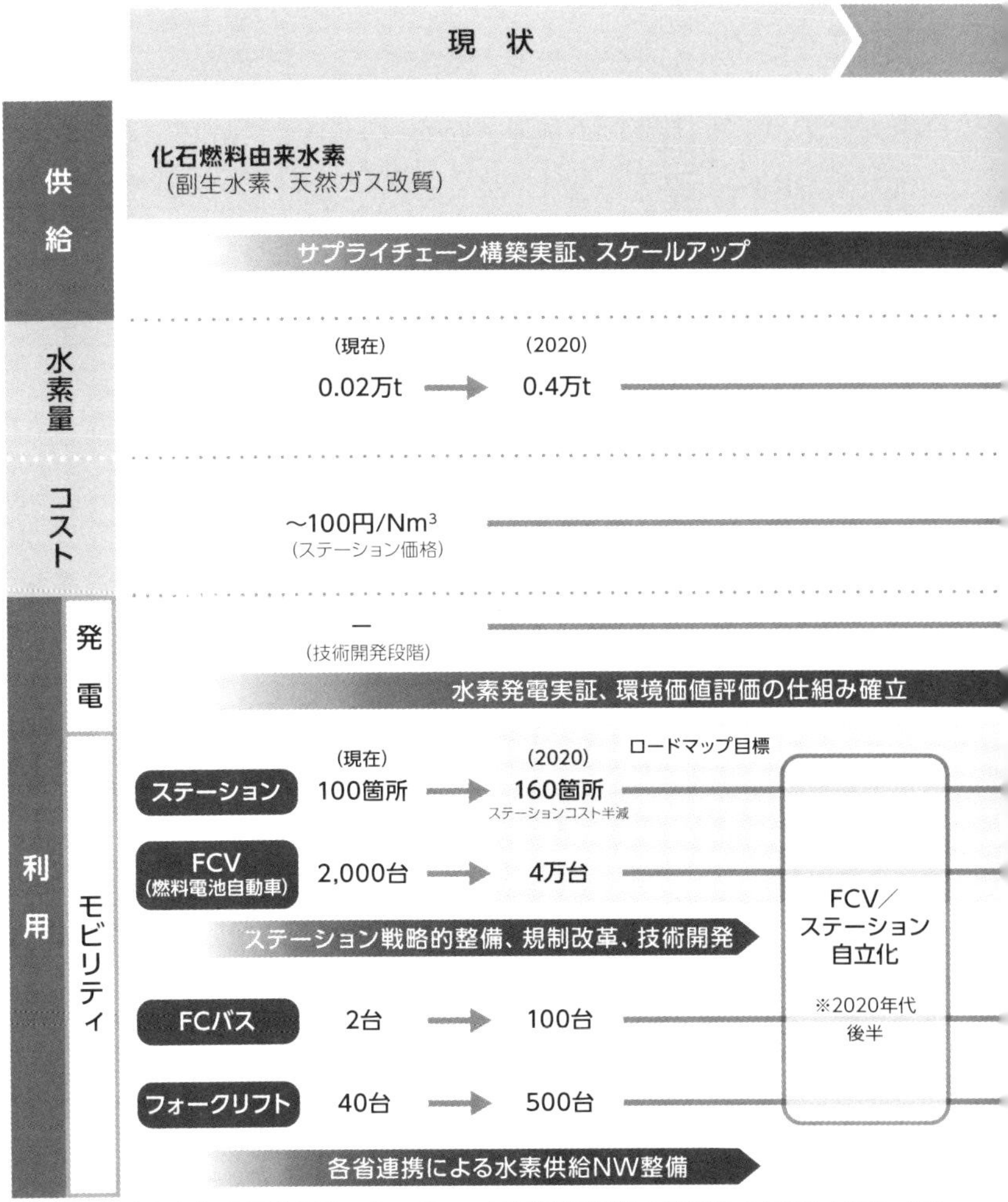

出典：経済産業省第2回再生可能エネルギー・水素等関係閣僚会議資料「水素基本戦略（案）

（ＬＮＧ））と同等程度の水素コストの実現を掲げ、その実現に向け水素の生産から利用まで、分野ごとの取り組みを明示しています。その意味で、水素基本戦略は水素社会の実現に向けたロードマップでもあります**（注）**。

世界中が脱炭素に向かう中、水素を新しいエネルギーの選択肢として世界に提示し、世界最先端を行く日本の水素技術で世界のCO_2フリー化をリードしていくことも、基本戦略の一つです。

（注）水素基本計画のシナリオは、産学官の有識者で構成される水素・燃料電池戦略協議会が２０１４年に策定（２０１６年改訂）した「水素・燃料電池戦略ロードマップ」をベースとしています。本書で「ロードマップ」と言う場合、特に断りがない限りこの両方を指します。

３　水素関連ビジネスは巨大市場に成長する

わが国は、水素利用技術に関して世界の最先端を走っています。燃料電池および燃料電池自動車（ＦＣＶ）の関連技術の国別特許出願数では、世界のトップを占めています。日本企業は世界に先駆けて、２００９年には家庭用燃料電池エネファームを、２０１４年には燃料電池自動車を、市場に送り出しました。

ただ、水素エネルギー市場は立ち上がったばかりであり、燃料電池も燃料電池自動車もまだ本格的な普及段階には入っていません。進出企業にとっては、当面利益が出ない、あるいは赤字事業となることが想定されます。

政府も補助金政策などで支援しますが、それでも自動車製造・販売や水素ステーション事業で利益が出るようになるまでには、かなりの期間を必要とするでしょう。企業も政府も、今は将来の市場拡大に向けた先行投資の段階であり、新しい市場を自ら作り出していこうという強い意欲と熱意を持った企業が、積極的に投資を進めています。

水素エネルギー市場の将来展望について、日経ＢＰクリーンテック研究所が２０１３年10月に『世界水素インフラプロジェクト総覧』を出しています。このレポートによれば、２０２０年頃から市場が拡大期に入り、５年ごとに倍増するような高い伸びが続き、２０５０年には１６０兆円という巨大市場に成長すると予測しています。

内訳を見ると、当初は液化水素基地や（米国、欧州における）パイプラインなどの周辺インフラ投資が大きな割合を占めていますが、２０３０年頃から燃料電池車（ＦＣＶ）の市場が急速に拡大する見通しです。

この急成長が見込まれる市場に、産業界は熱い視線を注いでいます。水素エネルギー関連企業というと、エネルギー産業や自動車産業が真っ先に頭に浮かびますが、水素関連ビ

【図表0-5】項目別水素インフラ市場規模の予測

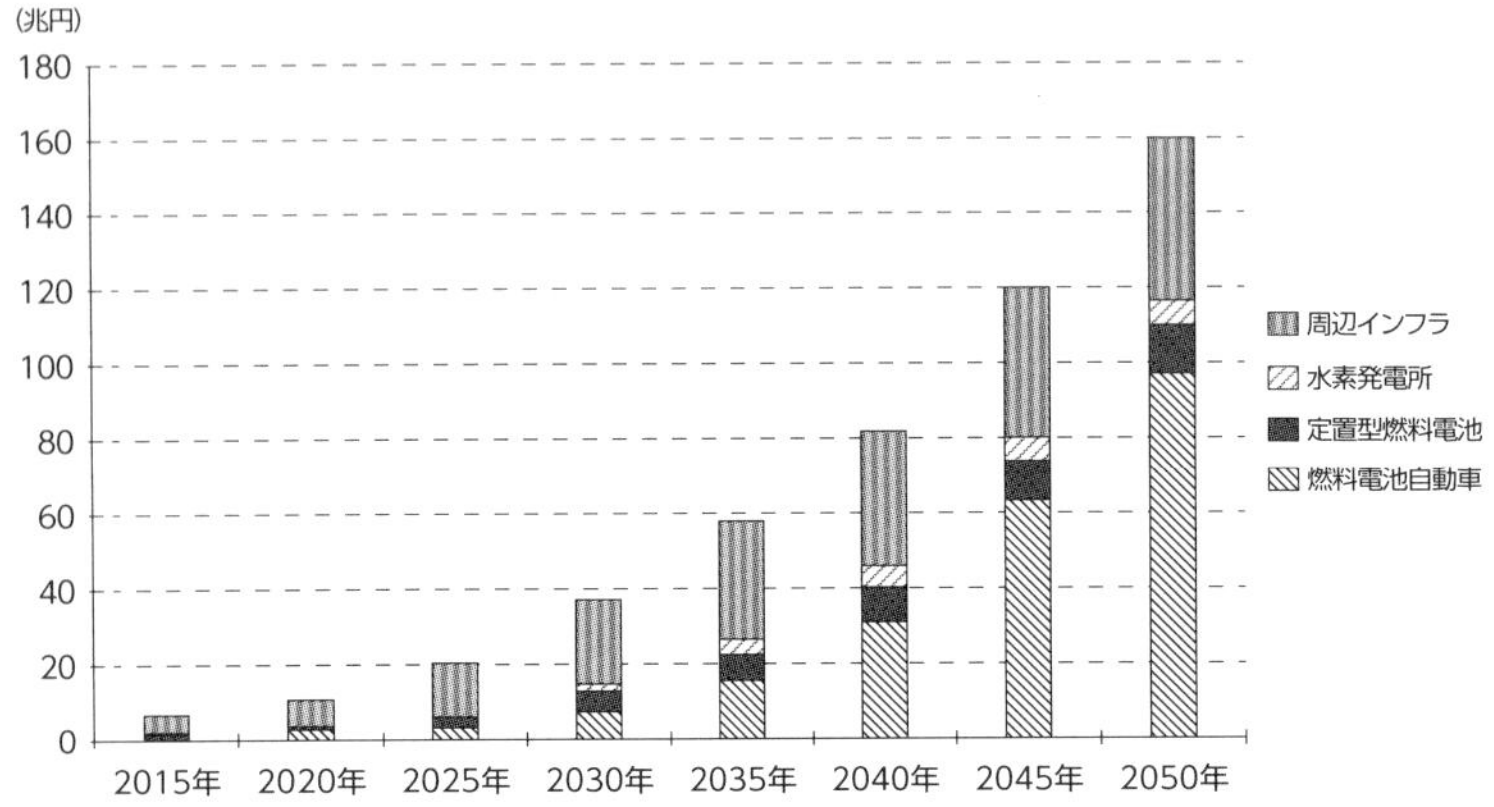

出典：日経BPクリーンテック研究所『世界水素インフラプロジェクト総覧』

ジネスは裾野《すその》が広く業種も多岐にわたります。エネルギー関連や自動車メーカーに限らず、多くの企業が関心を示しています。

その一例として、２００４年から先進的な取り組みを行ってきた「福岡水素エネルギー戦略会議」には６５０社もの企業がメンバーとして名を連ねています。一見水素とは関係なさそうな企業でも、社内に専門部署を作り研究開発や事業化企画に乗り出す大企業も少なくありません。

日本企業だけではありません。欧米諸国や中国なども、水素エネルギービジネスを自国の成長戦略に取り込もうと、産業界と一体となって攻勢をかけてきています。

新たに出現しつつある巨大市場を巡って、世界規模での熾烈な陣取り合戦が、今まさに始まろうとしています。

第1章
究極のエコカー燃料電池自動車

1　燃料電池自動車の開発競争が始まった

開発競争で世界をリードする日本

２０１４年の暮れも押し迫った12月15日、トヨタＭＩＲＡＩが華々しくデビューしました。翌朝の新聞には、「世界初の燃料電池自動車市販開始」「究極のエコカー！　排出するのは水だけ」等の活字が紙面に躍り、エコカー新時代の幕開けを伝えました。

燃料電池自動車（Fuel Cell Vehicle：ＦＣＶ）は、電気自動車（Electric Vehicle：ＥＶ）と同様、電気モーターで駆動します。

ＥＶは蓄電池に外部電源から充電するのに対し、ＦＣＶは燃料電池で自ら発電します。ＥＶは１回の充電で走行距離３００㎞程度と航続距離が短いことが弱点ですが、ＭＩＲＡＩは出力１１４ｋＷの燃料電池と、燃料の水素を入れる70ＭＰａ（約７００気圧）の高圧ガスタンク２本を搭載し、水素をフルに充填した状態で６５０㎞走行が可能です。

またＥＶは急速充電でも30分かかりますが、ＦＣＶの水素充填は３分程度で、ガソリンスタンドで普通に給油するのと変わりません。

一方ＦＣＶの弱点は、現時点では水素を充填する水素ステーションの数が圧倒的に少ないことです。いくら航続距離が長くても、燃料を補充できなければ長距離ドライブはでき

トヨタ「MIRAI」

ホンダ「クラリティ FC」

ません。この点については後で述べます。
ＭＩＲＡＩの発売価格は723・6万円（税込み）。国が202万円の補助金を交付、自治体も東京都の場合101万円を補助しますので、購入者の実質負担額は420万円になります。これでも同クラスのセダンに較べ、かなり割高ですが、環境意識の高いユーザーの間で関心を集めました。初年度（2015年末までの1年間）の販売計画は、国内400台、海外300台、計700台でしたが、発売から1カ月で国内だけで4倍近い1500台の受注があり、トヨタは生産台数を2016年2000台、2017年3000台に引き上げました。
トヨタに続いて、ホンダは2016年3月「クラリティＦＣ（フューエルセル）」の販売を開始しました。トヨタＭＩＲＡＩと同じ70ＭＰａの高圧水素タンクを2本積み、1回の充填で走行距離750㎞、価格は766万円。初年度生産台数は約200台で、当面は自治体や企業向けのリース販売に限定しています。
現在ＦＣＶ市販車を生産しているのは、トヨタ、ホンダ以外では韓国の現代自動車のみです。ＦＣＶ開発競争で、日本は世界を大き

【図表1-1】FCV普及台数目標

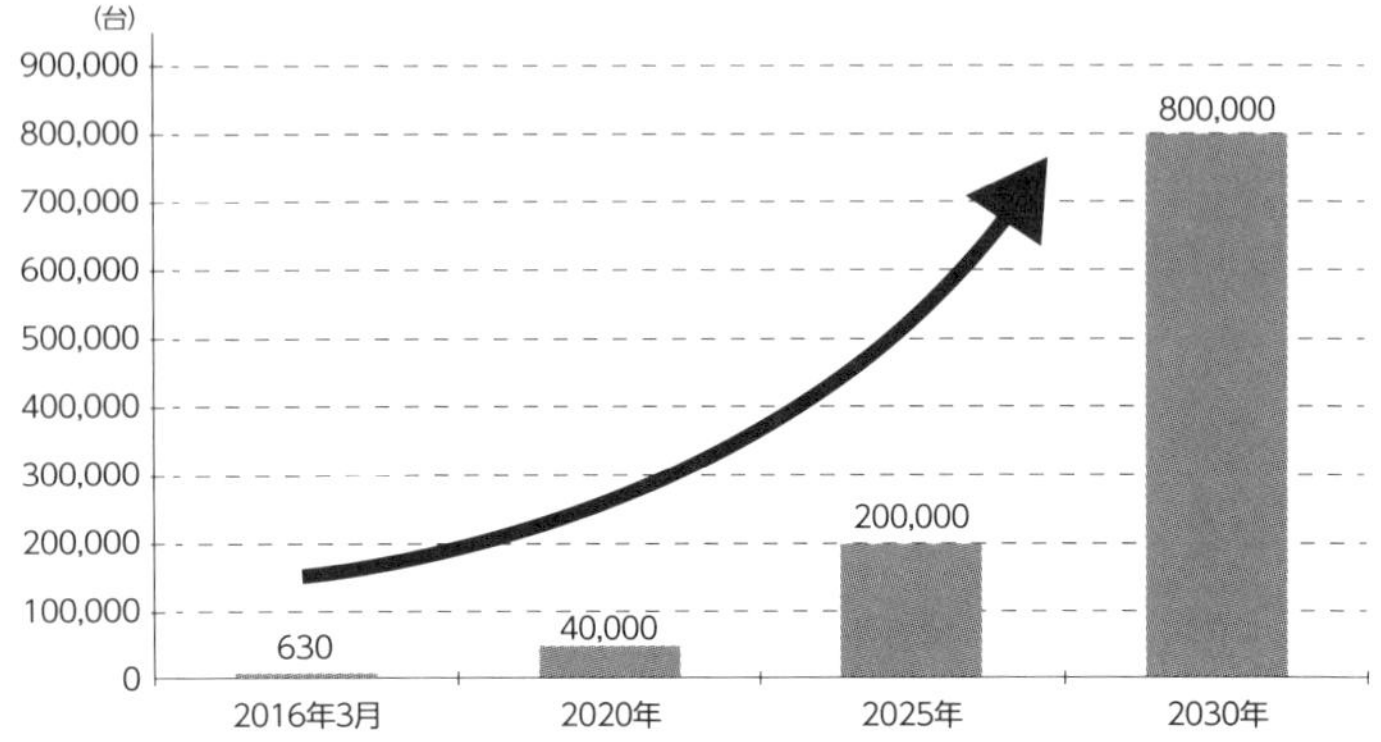

出典：2016年3月実績は次世代自動車振興センター「クリーンエネルギー自動車普及に関する調査」（2017.3）、目標台数は経済産業省「水素・燃料電池戦略ロードマップ改訂版」（2016.3.22）より筆者作成

くリードしています。

ＦＣＶ普及拡大への道筋

「水素・燃料電池戦略ロードマップ改訂版」では、ＦＣＶの普及目標として、２０２０年までに4万台程度、25年までに20万台程度、30年までに80万台程度という具体的な数値を掲げています。

販売開始から3年、まだ国内で２０００台程度しか出回っていないＦＣＶをこの成長軌道に乗せるためには、行く手に立ちはだかる二つの高い壁を乗り越えなければなりません。

一つ目の壁は、高い車両価格を引き下げることができるかということです。トヨタＭＩＲＡＩの発売価格は７２３・６万円（税込み）です。ほんの10年前には1台1億円といわれていたものを10分の1以下に引き下げたのですから、大変な技術革新とコストダウンの成果と言えます。しかし、この価格では、補助金なしではとても売れません。とはいえ、いつまでも多額の補助金は続けるわけにはいきません。補助金なしでも販売可能な水準は、おそらく同車格のＰＨＶ（プラグインハイブリッド）並みの価格、３００万円台後半といったところでしょう。

ＦＣＶ製造コストの約３分の２を燃料電池が占めています。このコストが下がらない限り車両価格が大幅に低下することはありません。

ＭＩＲＡＩは出力１１４ｋＷの燃料電池を搭載しています。１１４ｋＷといえば中規模の業務用燃料電池級です。１００ｋＷクラスの業務用燃料電池の価格が1台数千万円であることを考えると、車載用のＦＣはすでに相当なコスト低減が進んでいます（注）。

さらにもう一段の引き下げは至難の業とも見えますが、わが国の自動車産業の技術力をもってすれば十分可能と期待してよいでしょう。普及拡大が進めば量産効果によるコスト低下も見込めます。ロードマップでは、２０２５年頃に自立価格（補助金なしでも売れる価格）実現を見込んでいます。それまでは補助金（金額は漸減）等の優遇策が継続される見通しです。

もう一つの壁は水素ステーションの整備です。ＦＣＶが普及するためには水素ステーションの先行整備が不可欠ですが、普及が思うように進んでいません。当初は２０１５年度までに100ヶ所程度設置する計画でしたが、2018年4月現在運営中の商用水素ステーションは93ヶ所にとどまっています。何が課題で、どのように整備を進めていくべきか、第2章で詳しく述べます。

（注）業務用燃料電池には、熱利用のための熱交換器や貯湯槽、水素製造のための改質器等も含まれることや、稼働条件・耐久時間も異なるので、単純なコスト比較はできない。

2　FCVはEVを超えられるか？

脱ガソリン車へ、世界で進む規制強化

世界で脱ガソリン車、ディーゼル車に向けた規制強化のうねりが高まっています。

米国では、これまでも環境規制の流れを先導してきたカリフォルニア州で、ZEV（Zero Emission Vehicle：排ガスゼロ車）規制が2018年から一段と強化されました。州内で一定以上の台数を販売するメーカーは、2018年にはクレジットベースで4・5％以上をZEVにしなければなりません。この比率は毎年引き上げられ2025年には22％以上をZEVにする必要があります。

また、従来エコカーのカテゴリーに入っていたハイブリッド車（ＨＶ）は認められず、外部電源からの充電機能を備えたプラグインＨＶ（ＰＨＶ）のみ、それもＺＥＶに換算できる比率は年々小さくなっていきます。カリフォルニア州の動きは、今後全米に広がっていくことは確実です。

ヨーロッパでは「パリ協定」を主導したフランスが２０１７年7月に、ガソリン車、ディーゼル車の国内での販売を２０４０年までに禁止すると発表しました。その２週間後には英国政府も同様の方針を打ち出しました。ノルウェーとオランダでは、さらに前倒しして２０２５年から禁止する方針と伝えられています。

同様の動きは、中国やインドなど新興国にも広がっています。中国は２０１９年から、メーカー各社に、クレジットベースで10％をＥＶなどの新エネルギー車にすることを義務付ける政策を打ち出しています。

世界的に「化石燃料で走る車から化石燃料を使わない車へ」の流れは、もはやとどまることなく着実に進んでいくでしょう。

ＥＶシフトに一斉に走り出した自動車産業

こうした規制強化の流れを受けて、世界の大手自動車メーカーは、一斉にＥＶの開発・生産拡大に向けて走り出しました。図表１-２は、各社の最近の動きを、新聞記事等から拾い集めたものです。

ＰＨＶを含めたＥＶの世界販売台数は、２０１６年に前年比38％増の75万台、累計では２００万台に達しました（出典：国際エネルギー機関（ＩＥＡ））。

ＥＶ市場はすでに普及期に入り、今後は本格的な拡大期を迎えると見込まれます。なかでも、突出した伸びを続けているのが中国です。深刻な大気汚染に悩む中国は、厳しい環境規制とＥＶ優遇策を併用したアメとムチの政策で、２０１６年にはＥＶ販売台数で米国を抜き世界トップに躍り出ました。

ＥＶは、部品点数がガソリン車の半分程度と少なく、かつ既存の技術・既存の部品の組み合わせで製造できるため、高度な技術の蓄積や優秀な部品産業の集積を、ガソリン車ほどには必要としません。

中国の自動車生産台数は7年連続で世界1位とはいえ、販売はほとんどが国内向けで、世界市場での評価はそれほど高いわけではありません。ＥＶでこの状況を一気に転換し、同じく組み合わせ型の液晶テレビや太陽光発電設備のように、世界市場を席巻しようという意図が見て取れます。

中国に限らず、どこの国でもＥＶ優遇策はもちろん環境重視の政策ですが、同時に自国の自動車産業振興という産業政策の色合いの濃いものです。すべての自動車生産国、自動車メーカーを巻き込んで、次世代のエコカー市場での陣取り合戦が始まっているのです。

【図表1-2】自動車各社のEV戦略

企業	EV戦略
トヨタ	マツダと業務資本提携しEVの共同開発を進めると発表
	2020年までにEV量産体制整備 2025年頃までにエンジン車だけの車種をゼロにする「トヨタの電動車普及に向けたチャレンジ」を発表
	2020年代前半に「全固体電池」を実用化する方針
ホンダ	2030年までに世界販売の2/3をEVやHVなどの電動車に 2019年に欧州でEVを発売
	車載用電池世界最大手の中国CATLと共同で新型電池開発 2020年代前半に中国などで発売する最量販EVに搭載
日産	2017年10月新型リーフを発売　航続距離は400km
	2019年に中国で生産開始 2022年に世界販売の３割をEVに
独VW	2030年までに200億ユーロ（2.6兆円）を投資 （うち100億ユーロは中国に投資）
	2025年に世界販売の25%をEVに切り替え300万台を販売 中国では150万台
独BMW	2025年までに12車種発売　航続距離は700km超
独ダイムラー	2022年までにEV10車種を販売
	米国でEV生産（2020年～）、10億ドル（1,100億円）投資
ボルボ・カー （スウェーデン）	2019年以降発売する全ての車をEVやHVなどの電動車に 2025年までに電動車累計で100万台を販売
米GM	2023年までにEVまたはFCVで少なくとも20車種を発売
米フォード	2020年までに5,400億円を集中投資 販売車の40%をモーター駆動に
	2025年までに中国で販売する70%をEVに
米テスラ	巨大バッテリー工場「ギガファクトリー」を建設 2020年には35GW相当の電池セルを年50万台に搭載
英ダイソン	2020年までにEVに参入　開発費3,000億円 電池は全固体電池

	デメリット	最初の市販車	販売台数（2016年）
	この中では、CO_2排出量が最も多い	トヨタ プリウス（1997）	194万台
	CO_2を排出（HVより少量）車両価格はHVより高い	中国BYD F3DM（2009）	30万台
	航続距離が短い 充電時間が長い	三菱自動車 i-MiEV（2009）	47万台
	車両価格が高い 水素ステーションが少ない	トヨタ MIRAI（2014）	3,000台

※販売台数は国際エネルギー機関（IEA）のデータをもとに一部推定値

次世代車の主役はEVかFCVか？

エコカーの現在の主役は、HVと低公害ディーゼル車ですが、環境規制が厳しくなっていくと、ディーゼル車はもちろんHVもエコカーの範疇から外れてしまいます。次世代エコカーの主役の座を争うのは、EVとFCVと目されています。

EVはすでに普及段階に入り、EV市場は今後急速に拡大する見込みですが、FCVは累計販売台数1万台にも満たない、まだよちよち歩きの状況です。このFCVを未来の主役と位置づけ、開発・普及に最も力を入れているのが日本です。なぜでしょう？

一つは、わが国のエネルギー政策に起因します。原発事故以降、化石燃料の輸入が増大し、エネルギー自給率は10％を切るレベルに低下、CO_2削減も計画通りに進んでいません。エネルギー安全保障と地球温暖化に対する切り札として「水素社会構築」を国策に掲げる日本にとって、FCVは国策に沿ったエコカーなのです。

【図表1-3】エコカーの比較

	動力	電源	メリット	
ハイブリッド車 (HV)	エンジン（主） ＋モーター	運動エネルギー を電気に変換	ガソリン車と同様の走り ガソリンスタンドで給油	
プラグインHV (PHV)	エンジン＋ モーター（主）	外部電源	モーターのみの走行も可 電欠の心配なく走れる	
電気自動車 (EV)	モーター	外部電源	CO_2排出ゼロ 燃料費が安い	
燃料電池自動車 (FCV)	モーター	燃料電池で発電	航続距離が長い 水素充填時間が短い	

出典：各種資料より筆者作成

二つ目は、産業政策の観点からの理由です。部品や技術の組み合わせ型で技術的な参入障壁の低いＥＶでは、日本の強みが十分に発揮できません。また、日本には自動車生産を支える部品産業が集積していますが、部品メーカーのビジネスも先細りとなってしまいます。

一方ＦＣＶは、ガソリン車以上に部品点数も多く、高度な技術がなければ開発・生産はできません。これぞまさに日本の自動車産業の高い技術力と、部品メーカーと一体となった生産方式が活きる市場、日本が優位性を発揮できる市場なのです。

ＥＶシフトでＦＣＶも拡大

ではたして、ＦＣＶに勝ち目はあるのでしょうか？

先行するＥＶにも大きな弱点があります。１回の充電で走行できる距離が短いこと、充電時間が長いことです。蓄電池の性能アップで航続距離は伸びてきていますが、弱点の完全な払拭は難しいとされています。

一方のＦＣＶは、価格が高いことと水素ステーションの数が少ないことが最大の弱点ですが、この点を克服できれば、長い航続距離や大出力モーターの搭載も容易といったＦＣＶの優位性が活きてくるでしょう。その時期は、水素ステーションの整備が順調に進めば、２０２０年代後半になると見込まれます。

世界の自動車生産台数は、年間1億台という巨大なマーケットです。現在1％にも達しない次世代エコカーのシェアが、一気に拡大するとは考えにくく、少し長めの時間軸で見る必要があるでしょう。そう考えると、ＥＶシフトが加速すれば、電動車市場全体が拡大していく、つまり、ＥＶシフトはＦＣＶ普及をも加速していくと考えられます。

その中で次世代エコカーの主役は「ＥＶかＦＣＶか」という二者択一ではなく、走行距離、燃料価格、ＣＯ$_2$制約等の要因によって、棲み分けがなされていくと考えるのが自然です。たとえば、ＥＶは比較的車両サイズが小さく、走行距離が短い領域で利用され、ＦＣＶは比較的車両サイズが大きく、走行距離が長い領域で利用される、という棲み分けでどちらも普及拡大していくのではないでしょうか。

ちなみに、ＫＰＭＧコンサルティングが、２０１７年秋に、世界43ヶ国の主要自動車関連企業の幹部に行った調査によると、回答した９０７人のうち52％が「２０２５年までの自動車業界の主要トレンドはＦＣＶ」と答えています（「ＫＰＭＧグローバル自動車業界調査」２０１８年度版）。

３　広がる用途・車種

乗用車からバス・トラック等大型車両へ

２０１７年2月、トヨタは燃料電池バス（ＦＣバス）を市場投入しました。最初の納入先は東京都交通局（2台納車）で、３月から東京駅丸の内南口と東京ビッグサイト間を結ぶ路線バスとして運行されています。２０１８年3月には、ＦＣバスとして初めて型式認証を取得した、量販型「ＳＯＲＡ」の販売を開始しました。

「ＳＯＲＡ」は「ＭＩＲＡＩ」と同じ１１４ｋＷのＰＥＦＣ（固体高分子形の燃料電池）を2基（ＭＩＲＡＩは1基）、７００気圧の高圧水素タンクを10本（同２本）搭載。また大容量外部電源供給システムを備えており、災害などの停電時に避難所等へ電力を供給することが可能です。

トヨタのＦＣバスの価格は公表されていませんが、１台1億円と言われています。一般のディーゼル路線バスは1台２０００万円程度なので5倍もの価格です。

ただ、ＦＣバスは国土交通省の「地域交通グリーン化事業」の対象案件で、車両価格の2分の1が補助されます。民間バス会社が導入する場合には、これに加えて東京都が２０００万円を超える部分を補助しますので、ディーゼルバスと同じ２０００万円で購入

トヨタ「SORA」

できることになります。

環境にやさしいＦＣバスを運行することは、環境問題を重要な政策の柱と位置付ける自治体はもちろん、民間バス会社にとってもイメージアップになります。今後各地でＦＣバス導入気運が高まることが予想されます。東京２０２０オリンピック・パラリンピック競技大会に向けて、東京を中心に１００台以上のＦＣバス導入が見込まれています。

ただＦＣＶと同様、いつまでも補助金頼みというわけにはいかないので、できるだけ早期に、車両価格を少なくとも今の４分の１程度に引き下げる必要があるでしょう。

ＦＣバスと共に、今後有望なのはＦＣトラックです。バスやトラック等の大型かつ重量物運搬車両は、ＦＣＶが比較優位性を発揮できる分野です。

ディーゼル車は積載重量が重いと多量の排気ガスを出します。ＥＶは大容量の蓄電池が必要となり、蓄電池自体の重量や体積、コスト面で課題があります。

ＦＣＶなら車両内で発電するので、燃料の水素を大量に積めば燃料電池自体はそれほど大きくする必要がありません。また、水素ステーションの数が少ないことについても、路線バスはもちろん、長距離トラックも走行ルートはほぼ決まっており、あまり問題とはならないでしょう。

フォークリフトは海外で普及が始まっている

産業用車両は長距離自走することはないので、水素ステーションは車両基地に一つあれば足ります。フォークリフト、建設機械、農業機械等がＦＣ化の候補です。

このうちフォークリフトは、欧米ではすでに普及が始まっています。特にカリフォルニア州では、州政府の補助金と税制優遇の下、すでに１万台以上導入されています。

フォークリフトは屋内で使われることも多く、排気の問題等からこれまでも電動式が選好されてきました。２０１５年の世界出荷台数１０６万台（日本は７万台）のうち、電動式が約６割を占めています。日本では７割を超えています。

電動フォークリフトのバッテリーの充電時間は６～８時間かかりますが、この間フォークリフトを遊ばせるわけにはいかないので、通常はバッテリーパックごと充電済みのものと交換します。交換時間は15分程度です。

一方、ＦＣフォークリフトであれば水素充填時間は３～４分で済み、作業効率が上がります。設計上もバッテリーパックをＦＣシステムパックに乗せ換えるだけで、モーターはじめ駆動システムは変更の必要がありません。

日本ではこれまで実証実験のみで本格的導入は遅れていましたが、２０１６年11月に豊田自動織機が国内初の市販ＦＣフォークリフト「ジェネビー」（積載重量１・０～３・５トン）を市場投入しました。ＭＩＲＡＩの燃料電池セルスタックを搭載しています。

やはり価格が高いことが課題です。積載重量２・５トンのもので販売価格は１５１２万円。同クラスのガソリンエンジン車の約5倍、電動フォークリフトと較べても3倍です。当面は補助金を付けて普及を図ることになります。

豊田自動織機に次ぐ、国内シェア2位のニチユ三菱フォークリフトと3位のユニキャリアは、２０１７年10月に経営統合（現三菱ロジスネクスト）しました。ニチユ三菱フォークリフトは、北米の燃料電池ユニットメーカーであるプラグパワー社と、日本の移動式水素ステーションメーカーであるヤマト・H2Energy Japanと共同で、すでにＦＣフォークリフトを開発済みです。ユニキャリアも北米では、燃料電池を搭載した屋内物流機器がスーパーマーケット等で使用されています。三菱ロジスネクストが、豊田自動織機に続いてＦＣフォークリフト販売を開始するのは時間の問題と思われます。

鉄道車両や航空機にも

鉄道車両にも、燃料電池車両が検討されています。国内の鉄道路線のうち約３割を占める非電化区間では、現在はディーゼル車両が走っていますが、燃料電池車両を導入して低炭素化しようというものです。鉄道総合技術研究所が中心となって、試験車両による走行試験も行われています。

日本では幹線路線はすべて電化されていますが、海外では電化されていない国や地域が多く存在します。これらの国々でＦＣ電車が導入される可能性があり、わが国の車両メーカーにとっても、将来ビジネスとして有望です。

航空機分野では、宇宙航空研究開発機構（ＪＡＸＡ）が中心となって、ジェット燃料の代わりに液体水素を使う航空機の技術研究が進められています。液体水素はジェット燃料に比べ質量密度は小さいですが、発熱量密度は大きく、また温度が非常に低いことから、高速で飛ぶ飛行機に適した燃料特性と考えられます。

ＪＡＸＡは、乗客数36～50人、巡航速度マッハ１・６の次世代超音速旅客機の技術開発プロジェクトにも取り組んでいます。

小型機やドローンには、燃料電池を搭載する方式が研究されています。ＦＣＶには低温で作動する固体高分子形燃料電池（ＰＥＦＣ）が使われますが、飛行機にはエネルギー効率が高く、重量も軽い固体酸化物形燃料電池（ＳＯＦＣ）が有望です。ＰＥＦＣを搭載した無人航空機（ＵＡＶ）やドローンは、すでに米国等で試験飛行が行われており、案外早く商用化される可能性もあります。（ＰＥＦＣ・ＳＯＦＣについては98頁参照）

4　災害時の非常用電源としても期待

燃料電池は発電システムなので、ＦＣＶに外部給電器を接続すれば家庭内の照明やＴＶ、冷蔵庫等の電気製品が使えるため、停電時でもほぼ日常通りの生活が可能となります。また、ＦＣＶはどこへでも移動できる「走る発電所」として、災害等の非常用電源にも利用できます。前述の通り、トヨタＦＣバスは大容量外部給電システムを標準装備しています。

図表1-4は、ＦＣバス、ＦＣＶ（セダン車）、ＥＶ（同）が、満タン状態で、病院や災害時の避難所等の必要電力を何台で供給できるかを示したものです。

ＦＣバスは水素フル充填すれば455ｋＷｈという大きな電力量を外部給電できるので、中規模の病院なら2台あれば最低必要電力（消費電力は平時の10％として）を賄《まかな》えます。同様に、避難所（学校）の照明と給湯（200人分）は0・22台でＯＫです。

今後自治体などが導入するＦＣバスは、災害時の非常用電源としての役割でも期待され

【図表1-4】燃料電池車の外部給電能力

	非常時電力消費	非常時1日間維持に必要なFCバス（455kWh/台）	非常時1日間維持に必要なFCV（120kWh/台）	非常時1日間維持に必要なEV（24kWh/台）
病院	963kWh/日 平時の10% （緊急医療が行える設備のみ）	2台	8台	40台
コンビニ	235kWh/日 平時の47% （冷蔵機器のみ）	0.5台	2台	10台
ガソリンスタンド	16kWh/日 平時の19% （給油機器のみ）	0.03台	0.15台	0.7台
災害時避難所（学校）	100kWh/日 （照明、給湯200人分）	0.22台	0.83台	4台

①燃料電池自動車による給電イメージ

②燃料電池バスによる給電イメージ

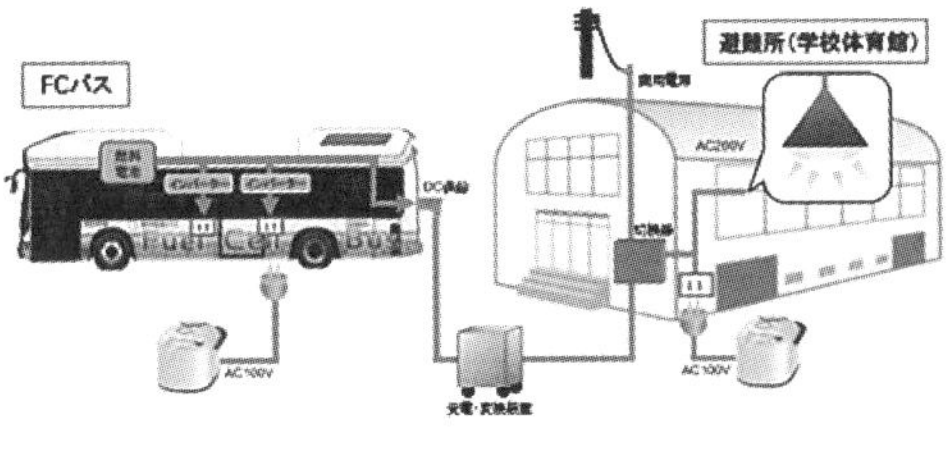

出典：資源エネルギー庁燃料電池推進室「燃料電池自動車について」（2014.3.4）

ています。

5　広がるビジネスチャンス

自動車メーカーのFCV戦略

トヨタは、HVでエコカー市場をリードしてきましたが、次世代エコカーには、EVを飛び越えてFCVを本命に位置付けています。FCVの開発、商品化で常に世界をリードしてきましたが、2015年1月にはFCV関連の特許5680件をすべて無償で公開すると発表し、世間を驚かせました。

FCV市場にできるだけ多くの企業の参入を促し、FCVの普及を促進させたいという、トヨタの強い意志の表れと受け止められています。

そのトヨタも、欧米各国や中国が環境規制を強める中、本格的にEV参入に動き始めます。2017年8月マツダとの資本提携を発表し、同年9月にはデンソーも加えた3社で、EV開発のための新会社を設立すると表明しました。新会社には、スズキやSUBARU、ダイハツ工業も参加する可能性があります。

トヨタは、2020年までにEV量産体制を整備し、2020年代前半に次世代電池とされる全固体電池（注）を実用化する方針で、出遅れたＥＶ市場で一気に挽回を図る構えです。

もちろんＦＣＶ重視の路線を転換したわけではありません。ＦＣＶの技術開発・コスト削減を着実に進める一方で、ＥＶ開発の体制も整えて、全方位で次世代車の開発をスピードアップさせる戦略を、トヨタは選択したということです。

ホンダは、２０３０年までに、世界で販売する車両の３分の２を電動車にする方針を打ち出しました。これまでのＨＶとＦＣＶから、ＰＨＶとＥＶに開発の軸足を移すとみられています。それでも、ホンダにとってＦＣＶは特別の意味を持っています。「クラリティＦＣ」で開発したプラットフォームおよび関連技術が、今後の電動車の開発に活かされ、ベースとなります。その意味で、今後もＦＣＶの開発が、ホンダの電動車戦略上きわめて重要なポジションを占めることは間違いありません。

日産は、ＥＶを環境車の主軸に据えていますが、ＦＣＶについても90年代後半からの長い開発の歴史があります。２０１６年には、水素ではなくバイオエタノールから発電した電気で走行する新しい燃料電池システム「e-Bio Fuel-Cell」の技術を発表しました。

このシステムは、ＰＥＦＣ型ではなくＳＯＦＣ型を採用しています。ＳＯＦＣは、発電効率が高いことに加え、酸素と反応する燃料であれば発電が可能なため、燃料の多様性が特徴となっています。ＳＯＦＣは運転温度が高温のため、起動・停止をクイックに行う必要のある自動車にはこれまで使われていません（ＰＥＦＣ・ＳＯＦＣについては98頁参照）。日産は、この効率のよい「e-Bio Fuel-Cell」をＥＶと組み合わせ、航続距離を延ばすレンジエクステンダーとして使うのではないかと見られています。

ＦＣＶ開発では日本勢が世界をリードしています。２０１３年には、ＦＣＶの国際共同開発を目的に、日本の大手３社を中心とした３つの国際提携が発表されています。一つはトヨタと独ＢＭＷ、二つ目はルノー・日産アライアンスと独ダイムラー、米フォード、三つ目がホンダと米ＧＭです。その狙いは、開発コストの削減とスピードアップにあります。

その後、欧米メーカーの関心がＥＶに傾注し、共同開発はトーンダウンしていました。ところが最近、ホンダとＧＭは、ＦＣＶ量産化に向けて、大きく一歩踏み出しました。両社合弁の新会社を設立し、デトロイト近郊にあるＧＭ工場内で、２０２０年頃から燃料電池システムの量産を開始すると発表したのです。

ＧＭだけではありません。他の欧米主要メーカーも、当面ＥＶの商品開発と生産体制確立を最重点施策と位置付けていますが、水面下では着々とＦＣＶの開発を進めています。また、世界一のＥＶ大国中国は、「製造強国」を目指す国家戦略「メイドインチャイナ２０２５」に、ＦＣＶの産業化と水素インフラの整備を進めることを明記しています。

世界中の自動車メーカーを巻き込んだ「ＥＶシフト」が一段落した次には、ＦＣＶ開発競争がヒートアップすることが予想されます。

（注）全固体電池は、現在主流となっているリチウムイオン電池の液体電解質を固体電解質に置き換えたもので、容量密度や充電時間等がはるかに優れ、発火等の危険性も低い。次世代の電池として期待され、世界の多くの企業が開発に取り組んでいる。

ＦＣＶ部材メーカーにビジネスチャンスが広がる

ＦＣＶの心臓部分は、言うまでもなく燃料電池システム（ＰＥＦＣと、燃料の水素を積む高圧タンク、水素を燃料電池に送り込む配管やポンプ、バルブなど）です。

燃料電池システムを構成する一つ一つの部材は、ＦＣＶの性能やコストを左右する最重要部材ですから、各自動車メーカーは、系列部品メーカーや素材メーカーも巻き込んで、総力を挙げて開発を進めてきました。

図表1－5は、トヨタＭＩＲＡＩに登用された協力サプライヤーを示しています。ここに名前の挙がっている企業は、トヨタ系列の部品メーカーか、トヨタと関係の深い素材メーカーですが、現在ＦＣＶを１０００台規模で生産しているのはトヨタのＭＩＲＡＩだけなので、これらの企業イコールそれぞれの部材で№１メーカーということになります。

ＰＥＦＣの主要部材・部品産業については、第３章119頁以下にまとめて記載していますので、そちらもご参照ください。

【図表1-5】MIRAIに登用された協力サプライヤー（一部）

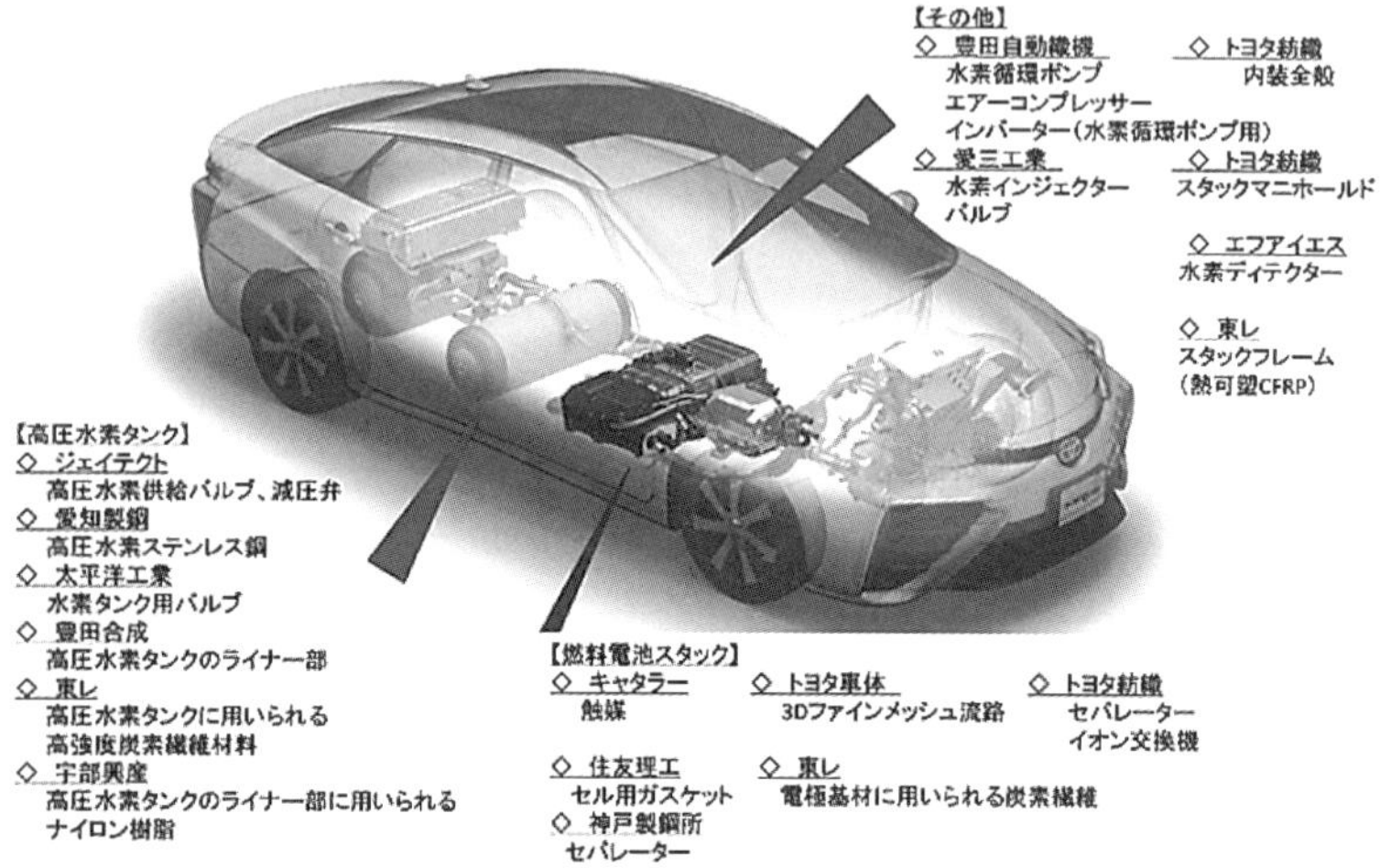

出典：経済産業省九州経済産業局「九州地域における次世代自動車関連部素材の市場動向及び参入可能性調査」報告書（2015.2）

ＰＥＦＣの主要部材は、電解質膜、触媒層、ガス拡散層、セパレータなどです。

図表1-5に登場するＭＩＲＡＩのサプライヤー以外にも、ＰＥＦＣの部材を新たに開発中の企業は数多くあります。ＦＣＶ市場はまだ立ち上がったばかりで、これから発展・拡大する市場ですから、部材メーカーにも新規参入のチャンスは大きく開かれています。

なお、この図には出てきませんが、トヨタ系部品メーカー最大手のデンソーとアイシン精機の2社も、ＭＩＲＡＩに多くの部品を供給しています。この2社は、早い段階からトヨタに協力して、ＦＣＶの開発に加わってきました。この開発を通して獲得した技術をベースに、据置型燃料電池でも有力メーカーとなっています。

まず、**高圧水素タンク**について見てみましょう。燃料の水素は70ＭＰａ（約７００気圧）という高圧ですから、燃料タンクはこの高圧に耐えうる強度、さらに安全性の観点から、衝突事故でも壊れない堅牢な作りが求められます。それでいて軽量でなければなりません。こうした条件をすべて満たすため、水素タンクは、樹脂製またはアルミ製のライナーに炭素繊維を巻き付けた二重構造となっています。

この炭素繊維を作っているのが、炭素繊維の世界№１メーカー・東レです。東レが開発した高強度炭素繊維は、トヨタＭＩＲＡＩ、ホンダクラリティＦＣの双方に採用されています。東レは、水素タンク専用の炭素繊維を現在愛媛工場で生産していますが、需要拡大を見越し、韓国と米国でも生産を計画しています。韓国では２０１８年から生産開始予定、米国は需要動向を見ながら、早ければ２０１８年中にも設備投資に踏み切る計画です。

また、世界最大の樹脂ライナー製炭素繊維強化圧力タンクメーカーである米国へキサゴンリンカーン、三井物産との３社間で、水素タンクの製造・販売を行う合弁会社の設立を企画しています。

こうした一連の積極的な施策は、２０２０年以降のＦＣＶ普及本格化をにらんで、水素タンク用炭素繊維での圧倒的ポジションをさらに強固なものにする狙いがあります。加えて、燃料電池セルの電極基材用カーボンペーパーおよびスタックフレーム用熱可塑性炭素繊維複合材料（熱可塑性ＣＦＲＰ）についても、東レ製品がＭＩＲＡＩ、クラリティＦＣの双方に採用されており、ＦＣＶで使われる炭素繊維は東レの独り勝ちとなっています。

総合スポーツメーカー・ミズノも、ＭＩＲＡＩの水素タンク用に炭素繊維強化プラスチック（ＣＦＲＰ）製品を供給しています。髪の毛状の細い炭素繊維を束ね、樹脂を含浸させた「トウプリプレグ」は、ゴルフクラブなどスポーツ用品に広く使われています。

ミズノグループのミズノテクニクスは、スポーツ用品製造で培った炭素繊維加工技術を活かし、炭素繊維が本来備えている強度を最大限に発揮できる高強度の「トウプリプレグ」を作りだし、水素タンクの外殻部分に使用する素材として採用されました。トウプリプレグ自体は容器などに使われる素材のため、同社は今後量産体制を整え、既存の金属タンクなどに代わる素材として広く需要開拓していく考えです。

水素タンクライナー用材料では、宇部興産がトヨタと共同で開発したポリアミド（ナイロン）６樹脂が、ＭＩＲＡＩに採用されています。同社はナイロン６樹脂の生産能力で、世界第３位の規模を有しています。ナイロン６樹脂はプラスチックの中でも耐久性などに優れており、エンジンカバーやインテークマニホールドなど、自動車向けのさまざまな部材として使われています。同社は、今回開発した水素タンクのライナー適用材料をグローバルに供給する体制を整えていく方針です。

ライナー用材料は樹脂が主流ですが、アルミも用いられます。ＪＦＥ系のドラム缶と高圧ガス容器事業を展開するＪＦＥコンテイナーは、アルミ・カーボンＦＲＰを開発し、ＦＣＶに搭載し実走行試験を行っています。同社は、このほか、ＦＣＶ用のバルブ、ノズル、レセプタクル（水素の注入口）や、高圧水素ガス容器等も製造しています。

次に、**高圧水素供給バルブ**と**減圧弁**について説明します。水素タンクに取り付ける高圧バルブは、70ＭＰａという高圧で充填される水素を安全かつ確実に制御するために必要な部品です。充填時や発電中に水素をタンクから出し入れするときや、タンク内部のガス温度の計測、緊急時に内部のガスを安全に放出する機能を備えます。減圧弁は、高圧バルブから供給される高圧ガスを減圧して燃料電池スタックに送るための弁です。

ＭＩＲＡＩに採用されたのはジェイテクトの製品です。ジェイテクトはトヨタ系の大手部品メーカーで、ＭＩＲＡＩには電動パワーステアリング、ハブユニット、軸受などとともに、高圧バルブと減圧弁を供給しています。

同社はこれまで、高圧バルブや減圧弁を取り扱ってきませんでしたが、油圧パワーステアリングの油圧制御に用いる電磁弁のノウハウなども応用し、特別な専用加工機を用いて製造したとのことです。長年培ったノウハウを活用して、今後も新たな水素関連部品の開発が期待されます。

ホンダ系最大級の部品メーカーであるケーヒンは、クラリティＦＣの水素タンクに取り付ける高圧バルブを開発しました。このバルブは、同社がこれまで培ってきた天然ガス車用の高圧ガスを制御する技術を活用し、マイナス40℃〜プラス80℃の厳しい温度環境の下で最大105MPaの気密性を満たすことを条件としている世界基準「GTR No.13」に世界で初めて適合しました。同社は、宮城第一製作所に新たな生産設備を導入し、量産体制を確立しています。

ハマイは、LPG容器用バルブの国内シェア4割を占めるトップメーカーです。水素タンクに取り付ける安全栓とレセプタクルを開発・製造しています。安全栓は、衝突事故や火災で水素タンクが高温になったとき、安全に水素を逃がす働きをします。レセプタクルは、水素供給バルブと水素タンクのコネクター部品ですが、ハマイ独自の技術で、充填時のチャタリング（振動）を抑制する機構を搭載しています。

いずれも世界基準「GTR No.13」に適合しており（世界初）、安全栓は2015年から、レセプタクルは2017年7月に販売開始しました。

第2章

水素ステーション

1　急がれる水素ステーションの整備

ニワトリが先か、卵が先か

燃料電池自動車（ＦＣＶ）と水素ステーションは「ニワトリが先か、卵が先か」の関係と言われます。水素ステーションが整備されなければＦＣＶは普及しません。ＦＣＶの普及台数が少なければ水素ステーションを開設しても商売にならないので新設は進みません。

しかし「ニワトリが先か、卵が先か」の答えは明白です。水素ステーションの整備なくして、ＦＣＶが普及拡大することはあり得ません。普及初期の段階では、水素ステーションを先行して整備する必要があります。そのためには、公的支援や関係企業の努力が不可欠ですが、これについては後ほど述べます。

「水素・燃料電池戦略ロードマップ改訂版」では、計画中も含め現在１００ヶ所程度の水素ステーションの数を、２０２０年度までに１６０ヶ所程度、２０２５年度までに３２０ヶ所程度と、5年ごとに倍増させる目標を掲げています。ＦＣＶの方は、水素ステーションの全国展開がある程度進んだ２０２０年代後半から、普及拡大のペースが上がってくるイメージです。

水素ステーションの普及を阻む最大のハードルは経済性です。整備費（イニシャルコス

【図表2-1】FCV・水素ステーションの普及イメージ

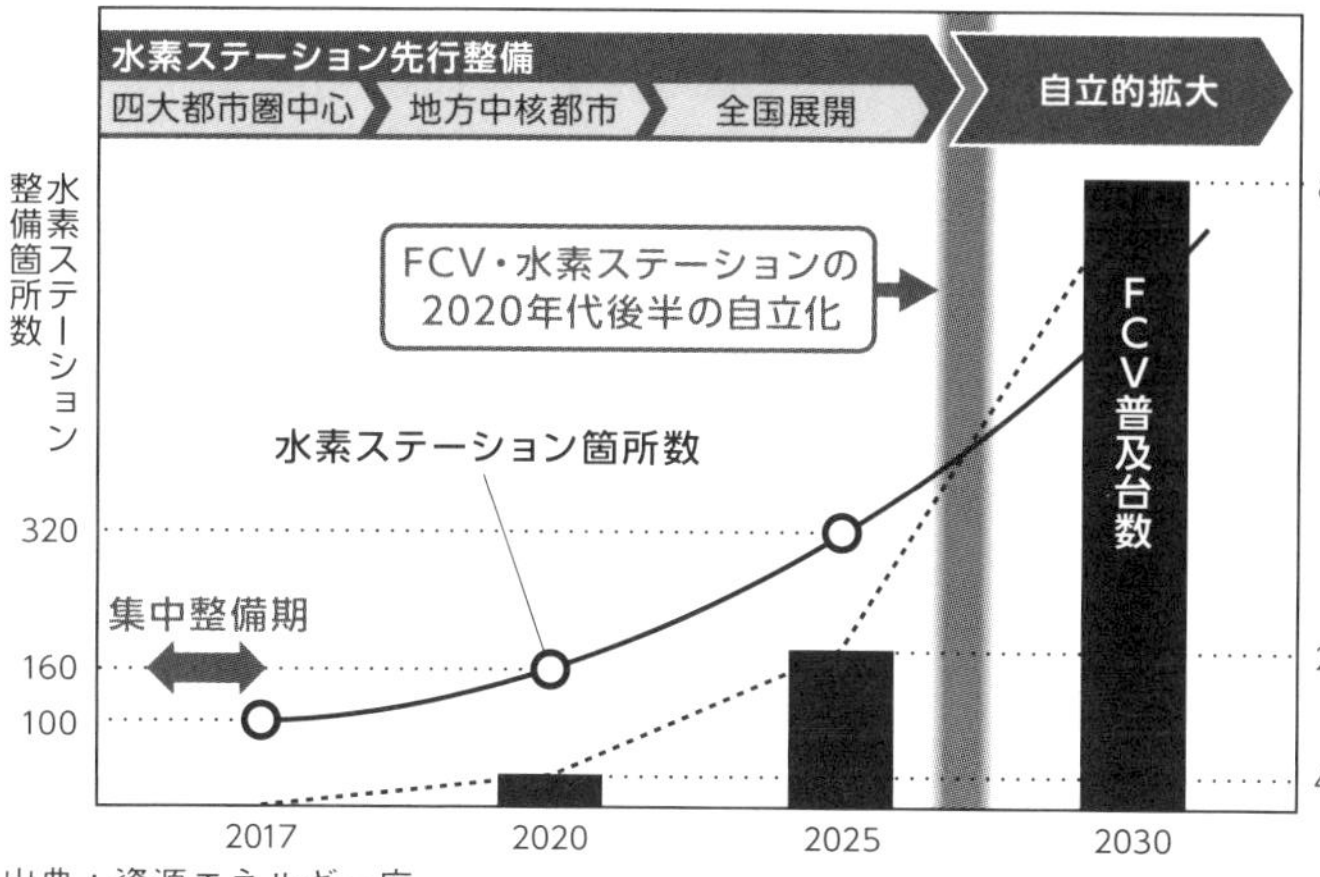

出典：資源エネルギー庁

ト）、運営経費（ランニングコスト）、供給する水素の価格等すべてにわたって課題を抱えています。整備費と運営経費には、国や自治体の補助金制度があり、この補助金頼みで水素ステーション整備が進んでいるのが実情です。

新設コストは、通常のガソリンスタンドが１億円程度なのに対し、中規模水素ステーションは５億円程度かかります。現状では国がコストの２分の１を補助し（上限２・５億円）、自治体も４分の１から３割程度の補助金制度を設けているので、事業者の負担は１億円強で済みます。

運営経費は年間４０００万円程度です。ＦＣＶが普及していない初期段階ではほとんど持ち出しとなりますが、こちらも国の補助金制度があり、かかった経費の３分の

2が補助されます（上限2200万円）。残り3分の1についても、自動車3社（トヨタ、日産、ホンダ）が出資して水素供給利用技術協会（HySUT）経由で資金提供するので、事業者の負担は実質ゼロです。

燃料の水素価格はFCV市販開始に合わせて、JX日鉱日石エネルギー（現JXTGエネルギー）と岩谷産業が先導して、販売価格を1000～1100円／kgに設定しました。これはハイブリッド車と同等の燃費となるよう設定したもので、実際のコストは不明ですがコスト割れの戦略的価格と思われます。

2018年2月には、自動車メーカー、水素インフラ事業者、金融投資家等の民間企業11社（注）により、水素ステーションの本格整備を目的とした「日本水素ステーションネットワーク合同会社（JHyM：ジェイハイム）」が設立されました。これにより、民間企業がオールジャパン体制を組み、国や自治体とも一体となって、「ニワトリと卵」の関係から「FCVと水素ステーションの好循環」の創出へと進化する体制が整いました。

（注）自動車メーカー3社（トヨタ、日産、ホンダ）、水素インフラ事業者6社（JXTGエネルギー、出光興産、岩谷産業、東京ガス、東邦ガス、日本エア・リキード）、金融投資家等2社（豊田通商、日本政策投資銀行）の計11社。2018年4月には、金融投資家5社（JA三井リース、損保ジャパン日本興亜、三井住友ファイナンス&リース、NECキャピタルソリューション、

未来創生ファンド）が追加参加。

コスト削減と規制緩和

水素ステーションは大別すると３方式あります。

一つはステーション内で水素を製造するオンサイト型です。エネファームなどと同様に都市ガス、ＬＰガス等から水素を取り出します。

二つ目はオフサイト型で、製油所やプラント工場で製造した水素を運び込み、ステーション内のタンクに貯蔵します。

三つ目は、水素供給設備を大型トレーラーに積んで必要な場所に運ぶ移動式です。オンサイト型とオフサイト型はそれぞれ特徴があり、どちらが優れているとは言えません。原料の入手経路や運搬距離等によって水素コストの優劣は変わってきます。移動式はステーションの整備が十分でない初期段階には有効な方式です。将来的にはＦＣＶ台数の少ない、需要量の限られた地方等で活躍の場があるでしょう。

水素ステーションの構成機器はガスリンスタンドに比べると多様かつ複雑です。ガソリンスタンドは給油するためのディスペンサーと貯油タンクがあれば済みますが、水素ステーションではＦＣＶに70ＭＰａ（約７００気圧）の高圧水素を充填するため、昇圧機や蓄圧器、冷却器などが必要となります。オンサイト型であれば水素製造装置も必要です。

ガソリンスタンドに比べ広い敷地面積が必要となり、設備機器のコストも高くなります。コストが高くなる要因はこれだけではありません。高圧ガス保安法、建築基準法、消防法等により、立地や機器の配置、安全基準等が厳しく規制され、建設に必要以上にコストがかかってしまいます。

政府は規制緩和を積極的に推し進める方針で、これまでにも、①従来40ＭＰａが上限であったものを82ＭＰａまで可能に、②市街地における水素保有量上限の撤廃、③ガソリンスタンドとの併設を可能に、④公道とディスペンサー間の距離短縮、ガソリンスタンド併設時の設備間距離短縮、等の規制緩和が段階的に行われてきました。規制緩和は利便性の向上とともに、建設コストや運営経費の削減につながります。

たとえば、前記③では、既存のガソリンスタンドに水素ステーションを増設することで新設コストが大幅に低減でき、運営コストも削減可能となります。また、まだ実現していませんが、ガソリンスタンドでは一般的なセルフ式が水素ステーションでも認められれば、人件費の低減につながります。ちなみに、農協流通研究所「平成23年度ガソリンスタンドの運営調査」によれば、ガソリンスタンドの経費に占める人件費の割合は、フルサービス式62・３％に対しセルフ式45・８％と著しく効率化します。

規制は安全にかかわることですから安易に緩めればよいというものではありませんが、安全性をよく見極めたうえで過剰な規制はどんどん緩和していくことが必要です。

経済的自立に向けて

技術開発や規制緩和によってコスト低減は進むと思われますが、商用水素ステーションが自立できるかどうかは、経費を上回る粗利を上げられるか否かにかかっています。それにはまず、利用台数（稼働率と言い換えてもいいでしょう）が十分に見込めるか。もう一つは、水素販売価格から仕入れコストを引いた粗利幅が十分であるかが重要です。

利用台数については、ＦＣＶの普及拡大が進むのが一番の早道です。前述の２０２５年普及目標ＦＣＶ20万台、水素ステーション３２０ヶ所が達成されたとすると、水素ステーション１ヶ所あたり６２５台となります。

この場合の収支計算をしてみましょう。ＦＣＶが月１０００㎞走行するとすれば、（満タンで６５０㎞走れるので）月に１・５回フル充填が必要です。水素４・３㎏で満タンなので、水素価格１０００円／㎏なら４３００円。水素ステーション１ヶ所あたり月売上高は（４３００円×１・５回×６２５台＝）約４００万円。水素の仕入れ価格が５００円／㎏まで下がったとしても、粗利は２００万円ですから、月３００万円程度とされる運営経費を賄《まかな》うことはできません。

乗用車だけでなく、ＦＣバスやＦＣトラックなど大型車両の普及を見込めば販売量の増加が期待できますが、それでも収支が見合いビジネスとして自立できるのは、早くても２０２０年代後半となります。それまでは何らかの公的支援の継続が必要です。

水素ステーションの数は、利用者にとっては多ければ多いほど便利ですが、ビジネスの観点からは、適正なステーション数にとどめ、1ヶ所あたりのFCV台数を多くする必要があります。普及初期には先行整備が必要ですが、ある程度普及が進んだ段階では、FCV普及拡大のペースよりスローテンポで後追いしていくことが望ましいのです。

それには、各社が個別にステーションを展開するのではなく、業界全体で、あるいは行政も加わって戦略的に配置を行うことが肝要です。カーナビに最寄りのステーションを何ヶ所か表示すれば利用者はそれほど不自由を感じないでしょう。地方の水素ステーション過疎地では、行政補助の下で簡易型や移動式のステーションを整備すればよいでしょう。

2 水素は安全か？

水素ステーションというと、「水素は爆発するから危険」と身構える人が少なくありません。福島原発事故の際、水素爆発で建屋が吹っ飛んだ衝撃的な映像を思い浮かべる人も多いでしょう。

水素は「燃焼範囲が広い」「着火しやすい」「燃焼速度が速い」といった特性があります。空気中の水素濃度が4・1％を超えると燃える気体となり、着火しやすく爆発の可能性も

【図表2-2】水素の特性

	水素	メタン	プロパン	ガソリン	水素の特性
拡散係数（空気中）[cm²/s]（1atm,20℃）	0.61	0.16	0.12	0.05（ガス状）	拡散しやすい。小孔から透過しやすい
金属材料を脆化	あり	なし	なし	なし	金属をもろく、割れやすくする
最小着火エネルギー［mJ］	0.02	0.29	0.26	0.24	着火しやすい
燃焼範囲（下限－上限）［vol%］	4.1－75	5.3－15	2.1－10	1.0－7.8	燃焼可能濃度範囲が広い
熱放射（輻射率 ε）	0.04～0.25	0.15～0.35	ガソリン並	0.3～0.4	熱放射による被害や類焼は少ない
最大燃焼速度 [cm/s]	346	43.0	47.2	42.0	爆風圧が大きい。ジェット火炎が保炎しやすい
燃焼熱［MJ/Nm³］真発熱量	10.77	35.9	93.6	—	熱量を確保するのに高圧を要する

出典：エネルギー総合工学研究所

あります。しかし水素には「空気中で拡散しやすい」という特性もあり、密閉した空間でない限り濃度が４％以上になることは考えにくく、自然に着火・爆発する可能性はほとんどありません。

福島の水素爆発は、密閉された原子炉建屋内で水素濃度が高まった特殊なケースです。水素が燃焼・爆発する危険性は、都市ガスやガソリンと較べ決して高いものではありません。水素ガスの取り扱いは、都市ガスやＬＰガスと同じ「高圧ガス保安法」の適用を受けます。

こうした水素の特性を踏まえ、水素ステーションでは、①水素を漏らさない、②水素が漏れても溜まらない、③漏れたら早期に検知し、拡大を防ぐ、④万が一、火災が起こっても周囲に影響を及ぼさない、または影響を軽減する、を基本的な考え方として安全対策が取られています。

ＦＣＶの安全性に関しては、２０１３年に世界統一の基準が定められました。排気の水素濃度が４％以上にならないことや、水素タンクの強度や衝突時の水素放出量などを具体的数値で決めています。

マイアミ大学のマイケル・Ｒ・スウェイン教授が米国エネルギー省の依頼を受け、燃料漏れ事故によるＦＣＶとガソリン自動車の危険性を比較した実験があります。これによると、燃料タンクを破損させて点火したとき、空気より重いガソリンはいつまでも燃え続け、タイヤや車体にも引火しますが、空気より軽い水素は漏れ出て酸素と混ざり、燃え始めた瞬間に上昇し消えてしまいました。「素早く拡散する」という安全確保上有利な特性は実験でも証明されています。

3　飛躍する水素ステーションビジネス

全国展開を進めるＪＸＴＧエネルギーと岩谷産業

２０１８年４月現在、運営中の商用水素ステーションは全国で93ヶ所あります（出典：燃料電池実用化推進協議会）。石油元売り会社と都市ガス事業者、ＬＰＧ事業者などが主な運営主体となっています。

石油元売り会社は、製油所に水素製造装置を持ち、将来転用可能なガソリンスタンドを全国に有しているので、水素ステーションビジネス展開にアドバンテージがあります。ガス事業者も、オンサイト型水素ステーションに都市ガス供給ネットワークが使えるアドバンテージがあります。

事業者別のステーション数は、①ＪＸＴＧエネルギー40ヶ所、②岩谷産業17ヶ所（出資先ニモヒスの移動式水素ステーションを含めると22ヶ所）、③日本エア・リキード６ヶ所、④日本移動式水素ステーションサービス（ニモヒス）５ヶ所、⑤東京ガス、東邦ガス各３ヶ所となっています。

ＪＸＴＧは、水素社会実現に積極的にかかわっていく方針を明確にしており、ステーションもすでに40ヶ所開設済みですが、今後も積極的に全国展開していく計画です。ステーションの形態は、ガソリンスタンド一体型を中心としていますが、空き地の少ない都心部では単独型や移動式も柔軟に展開しています。２０１４年には、単独型および移動式ステーションを運営する新会社「ＥＮＥＯＳ水素サプライ＆サービス」を設立。２０１６年には、オフサイト型および移動式ステーション向けの水素供給体制強化を目的に、本牧《ほんもく》事業所内に「水素製造出荷センター」を開所しました。

水素販売価格１０００円／kg（燃費がＨＶと同等になる水準）という思い切った価格設

定をするなど、業界のトップとして水素ステーション普及に向けたリーダーシップを発揮しています。

岩谷産業は、2014年7月に日本で最初（おそらく世界初）の商用水素ステーションを開設しました（場所は兵庫県尼崎市にある同社中央研究所敷地内）。2017年3月には「イワタニ水素ステーション東京有明」を開設。同ステーションは、FCバスなど大型車両に対応するため、液化水素を圧縮する「液化水素ポンプ」を採用しています。FCバスの販売開始と同時期に開設したのは、FCバスの普及を後押しする狙いがあります。

岩谷産業は、産業用水素のトップサプライヤー（シェア55％、同社推計）です。特に液化水素の製造・販売では、ほぼ独占的地位にあります。自ら水素ステーション運営に参入する真の狙いは、FCVの普及が進み、岩谷が製造・販売する水素の需要が高まることにあると思われます。

その岩谷産業と、豊田通商、大陽日酸の3社が出資して設立したのが、ニモヒスです。2015年3月に日本初の移動式水素ステーションを東京都千代田区九段に開業したのを皮切りに、都内2ヶ所、愛知県内3ヶ所に、移動式水素ステーションを開設しました。

3社の事業分担は、豊田通商が事業運営管理、岩谷産業と大陽日酸が水素の製造および供給とステーションの運営です。ニモヒスの水素ステーションは、後述の大陽日酸や岩谷産業が開発したパッケージ型水素ステーションをトラックにのせて、現地まで運搬し、そのままステーションとして利用するものです。通常の定置式水素ステーションに比べ、敷地面積は3分の1程度、建設コストも工期も半分程度で済むのが特長です。規模は小さいですが、ＦＣＶの導入初期である現状において、水素ステーション整備をスピードアップさせる切り札ともなると期待されています。

日本エア・リキードは、産業ガスの世界最大手、エア・リキードグループの日本法人です。エア・リキードグループは、全世界で75ヶ所以上の水素ステーション設置実績があります。日本では5ヶ所（うち愛知県の２ヶ所は豊田通商との合弁事業）運営中で、６番目の「川崎水素ステーション」を２０１８年3月に開設しました。このステーションは、圧縮機などの主要機器を一つの筐体に収めた、エア・リキード独自の標準パッケージ方式を新たに採用しています。また、水素ステーション普及加速に向けて、同社を含む関係各社で「日本水素ステーションネットワーク合同会社」を設立し、２０２１年度までの４年間で新たに約20ヶ所のステーション建設を目指す方針です。

東京ガスは、２００３年から千住事業所構内に水素ステーションを設置し、実証を行ってきました。２０１４年12月には、練馬に関東で初となる商用ステーションを開設、２０１６年2月に浦和ステーションを開設し、実証から商用に切り替えた千住を含め、３ステーションを運営しています。練馬ステーションはオフサイト型ですが、オンサイト型の浦和ステーションから水素を運んでいます。

現在は需要が少ないため、こうした「マザー&ドーター方式」で、効率的な運営を行っています。東京ガスはじめ各地の都市ガス会社は、自社の水素ステーションだけでなく、他のオンサイト型ステーションにも都市ガスを供給しています。ＦＣＶの普及が進めば、自社ステーションの採算が改善するだけでなく、都市ガスの販売量も増加します。

巴商会（東京都大田区）が２０１７年７月に開設した「新砂水素ステーション」は、コンパクトな都市型ステーションとして注目されます。同社は産業ガスの販売、関連機器の製造・販売を主な事業としていますが、水素ステーションの運営はこれが初めてです。従来の水素ステーションの半分くらいの敷地を使って、徹底したコンパクト化と低コスト化を実現しました。今後の都市部での水素ステーションのモデルになると期待されます。

水素ステーション関連機器の主なメーカー①

水素ステーションの基本的な構成機器は、水素製造装置（オンサイト型のみ）、圧縮機、蓄圧器、プレクーラー、ディスペンサー、の5つです（図表2-3参照）。

水素製造装置は、オンサイト型の水素ステーションで必要な設備です。オフサイト型は水素製造工場で作った水素を高圧タンクに詰めてトラックで運びますが、オンサイト型は現地で主に都市ガスやＬＰガスを改質して水素を作ります。

水素製造装置のトップメーカーは三菱化工機です。同社は、石油精製や化学品原料用の

【図表2-3】水素ステーションの構成機器

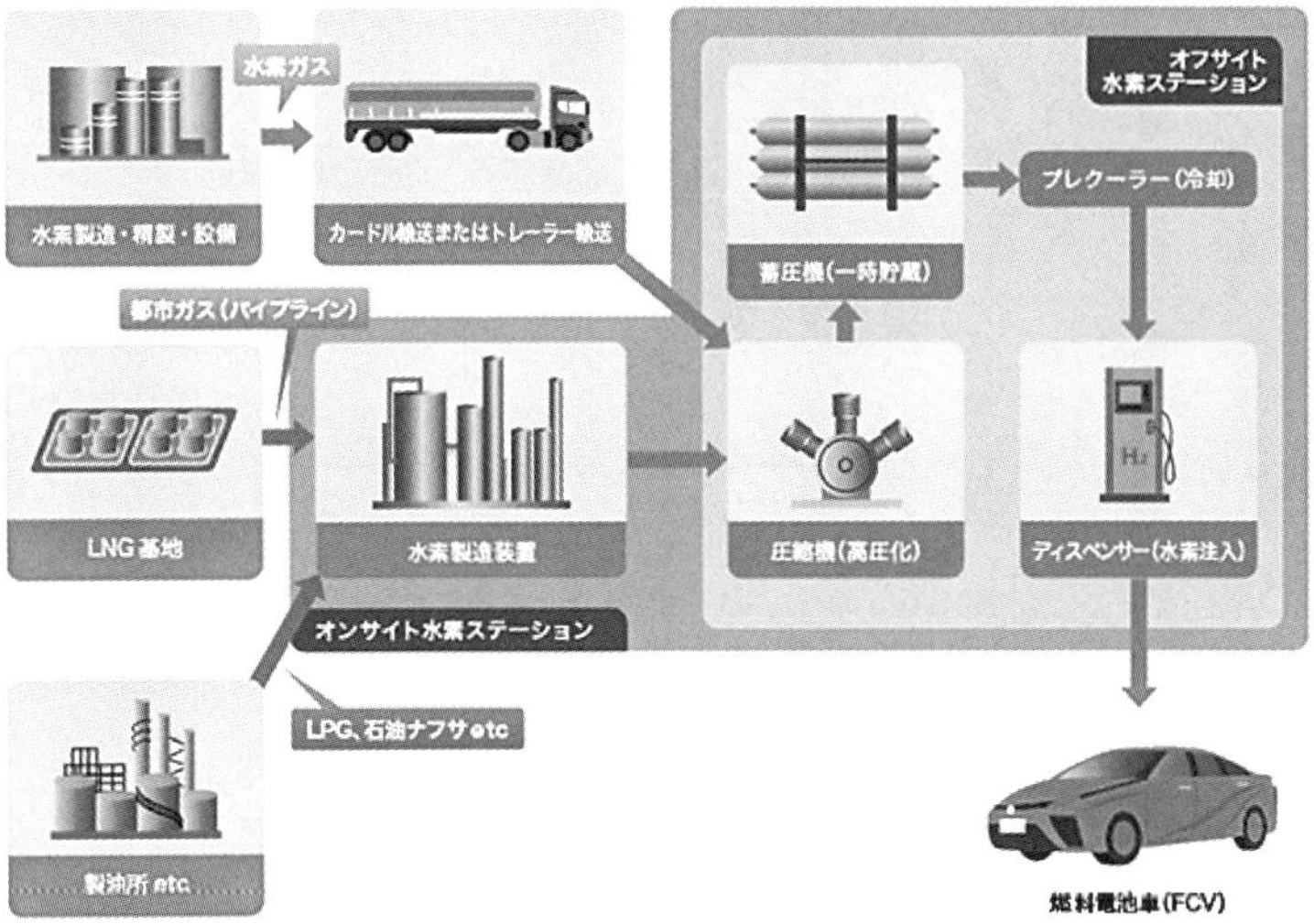

出典：資源エネルギー庁燃料電池推進室「燃料電池自動車について」(2014.3.4)

大型から、光ファイバーの製造、半導体製造時に金属熱処理に使用される中・小型まで、これまでに１２０基以上の工業用水素製造装置の販売実績があります。

水素ステーション向けには、新たに小型オンサイト水素製造装置「HyGeia-A／300」を開発・製品化し、ＪＸＴＧエネルギーや東京ガスのステーションをはじめ多くの納入実績があります。コンパクト化も進め、１時間あたり３００㎥の水素を製造する装置の据え付け面積は24㎡で、これは従来製品の半分以下の面積です。製品価格も、今後の量産化によって大幅に引き下げることが可能としています。

都市ガス各社も、単独あるいは協力会社と共同で、水素製造装置を開発・製造し、水素ステーション向けに販売しています。大阪ガスは、オンサイト型水素発生装置の大容量モデル「HYSERVE-300」（水素製造能力：300N㎥／h）を開発し、大阪ガスエンジニアリングを通じて販売しています。

水素は、水の電気分解によっても製造できます。現在はコストが高いので商業ベースの水素ステーションでは例がありませんが、再生可能エネルギー電力を使って水電解装置を備えたCO_2を排出しないステーションの開発が実証事業ベースで進められています。

その一つ、九州大学伊都キャンパス内水素ステーションの水素製造装置を、日立造船が開発・製造しました。再エネ発電の余剰電力貯蔵機能も備えた水素製造システム一式を、日立造船、大陽日酸、九電みらいエナジーの3社が共同受注し、中核部分の固体高分子形水電解装置「HYDROSPRING®」を日立造船が納入しています。

圧縮機は水素を圧縮して、FCVの水素タンクに貯蔵する圧力70MPaに昇圧します。実際には、70MPaのタンクに充填するために少し高い82MPaまで昇圧します。

圧縮機の最大手は神戸製鋼所です。同社は、1915年に日本初のレシプロ圧縮機を製作して以降、豊富な経験と実績を持つ、世界トップクラスのプロセス用レシプロ圧縮機メーカーです。蓄積した技術をベースに水素ステーション用に独自開発した、無給油式高圧圧縮機「HyAC」シリーズは、国内のステーション向けに約30％のシェアを有しています。

また、大型圧縮機とコンパクトな拡散接合型熱交換器を組み合わせて、省スペース化を可能にしました。後で述べますが、その延長線上で、水素ステーションの構成機器をコンパクトにパッケージ化した「HyAC mini」を開発しています。

加地テックは、特殊ガス圧縮機製造が主力事業で、高圧圧縮技術に強みがあります。特に天然ガススタンド向けの圧縮機では7割を超えるシェアを確保しています。同社の水素ステーション用圧縮機の特徴は、差圧充填方式**（注）**の一括昇圧式であることです。圧縮機に０・５ＭＰａ（約5気圧）という低圧の水素を注入し、高圧の82ＭＰａまで、1台で一気に昇圧させます。差圧充填方式と一括昇圧式によって、機器構成をコンパクト化でき、コスト面でも有利になります。

同社は２０１７年3月、三井造船（現三井Ｅ＆Ｓホールディングス）の連結子会社となりました。同社の中期経営計画（２０１７～２０２０年度）では、活動方針の第一番目に「水素関連事業用圧縮機の地位確立」を目指すとしており、この分野に経営資源を注ぎ込んでいく方針を明確にしています。

日立グループでは、日立プラントテクノロジーが新エネルギー・産業技術総合開発機構（ＮＥＤＯ）の委託を受け、水素ステーション向けに、大容量・高効率の１００ＭＰａ級水素圧縮機を開発しました。その後日立製作所が同社を吸収合併し、現在は日立製作所が直接製造・販売を行っています。

水素圧縮機は、プラントメーカーだけでなく、ガス事業者が自らあるいは子会社で製造している例もあります。岩谷産業グループのエーテックは、圧縮機ユニットや蓄圧ユニット、移動式水素ステーション等の超高圧設備を製造しています。

蓄圧器は、圧縮機で82ＭＰａまで昇圧した水素を、高圧を保ったまま一時貯蔵し、小分けしてディスペンサーに送ります。前出のＦＣＶ車載水素タンクと同様、ライナーの材質と構造がポイントとなります。

日本製鋼所の蓄圧器は、材料に高強度鋼パイプを使って容器を作っています。強度と粘り強さに優れた高強度鋼と、高耐久化加工技術を組み合わせ、長期間使用可能な、大容量（３００ℓ）鋼製蓄圧器を商品化しました。鋼製なので、運転中でも外面からの超音波探傷検査で、蓋を開けることなく内部全面に異常がないかを確認できるのが強みです。

同社の最新製品（２０１７年度発売）は、Cr-Mo鋼量産パイプを使用し、低コストと高圧水素環境下での優れた疲労耐久性を実現しています。

サムテック（大阪府柏原市）は、自動車用の鍛造部品、フローフォーミング成形品と、高圧ガス容器を主力製品とする中堅メーカーです。90年代後半にカリフォルニア州に工場を新設し、航空機用精密アルミライナーの製造を開始しました。米国の航空宇宙産業で培った高圧容器技術を逆輸入して、水素ステーション用蓄圧器の開発に取り組みました。同社の蓄圧器は、アルミ製のライナーに炭素繊維を巻き付けた複合容器で、鋼製のものに比べ軽量化、低コスト化が可能となりました。２０１２年度に水素ステーション用の高圧水素容器（複合蓄圧器）の認可を日本で初めて取得し、以後、日本の８割以上の水素ステーションに複合蓄圧器を納入しています。

八千代工業は、樹脂製燃料タンク、サンルーフを主力とする部品製造を事業とするホンダ系列のメーカーです。同社は、第13回水素・燃料電池展（２０１７年３月）に水素ステーション用蓄圧器を出展しました。この蓄圧器は、プラスチック製のライナーに炭素繊維を巻き付けた複合容器で、大容量化、低コスト化を追求しています。現在製品化に向けた開発を進めています。

中国工業（広島県呉市）は、高圧機器事業を主力とし、家庭用ＬＰガス容器の最大手メーカーです。同社は、２０１３年度よりＮＥＤＯとの共同研究で、樹脂製ライナーに炭素繊維を巻き付けた複合容器蓄圧器の大型化に向けた実用化技術の開発を行ってきました。回転成型による安価なプラスチックライナー成型技術と、炭素繊維の高効率フィラメントワインディング成型技術を確立し、２０１７年に３００ℓ大型 Type Ⅳ 複合容器蓄圧器を試作しました。今後、製品化に向けた開発を行う方針です。

（注）差圧充填方式はいったん圧縮機を使って82ＭＰａまで昇圧し、その後は82ＭＰａ級の蓄圧器で水素を蓄える方式。もう一つは直充填方式で、蓄圧器に蓄えることなく、直接ディスペンサーに82ＭＰａの水素を送る方式。

水素ステーション関連機器の主なメーカー②

プレクーラーは、ＦＣＶに充填する高圧水素ガスを冷却するためのものです。ＦＣＶのタンクに水素ガスを急速に充填すると断熱圧縮により温度が上昇するので、タンク温度が上がり過ぎないように、充填する前に予め水素をマイナス40℃位まで冷やしておきます。

プレクーラーや水素圧縮機で使用する熱交換器のトップメーカーは神戸製鋼所です。同社は、50年以上に及ぶ熱交換器の技術をもとに、一般的な多管式熱交換器に比べ、広い伝熱面積を持ち、コンパクト性と超高圧耐性（１００ＭＰａ）を実現したマイクロチャネル熱交換器を開発しました。素材として、日本冶金工業が開発した、耐水素脆化性の高い特殊なステンレスを使っています。この熱交換器は、国内の水素ステーション向けに累計１００基以上の納入実績があります。神戸製鋼所は今後拡販を進め、国内シェア50％以上を目指すとしています。

ＷＥＬＣＯＮ（新潟市）は、２００６年設立の若い会社です。「技術革新」と「創造的事業活動」を基本理念に掲げ、特に拡散接合技術に強みがあります。拡散接合とは、材料同士を密着させ、高温で加熱しながら加圧することで原子レベルで結びつける接合方法です。一般的な溶接とは違い母材を溶かすことなく接合するため、微細な流路や複雑な三次元構造体などを製作することが可能です。先ほどの神戸製鋼所のマイクロチャネル熱交換器も拡散接合を用いています。ＷＥＬＣＯＮは、２０１３年から拡散接合技術を応用した水素ステーション向けの熱交換器（水素冷却機器）「WEL-Cool H2A」を製造・販売しています。特色は、毛細管のような微細な流路形成により広大な表面積を小さな体積の中に納めることが可能となり、装置全体のコンパクト化が実現できることです。

また同社は２０１６年度にＮＥＤＯの「新エネルギーベンチャー技術革新事業／超小型、低価格水素ステーションに向けた冷却技術の開発」に採択され、上記「WEL-Cool H2A」の能力を維持しつつ、２分の１のサイズと低価格を実現した「WEL-Cool H2C」を開発しました。

プレクール用チラー（冷却装置）で高いシェアを持つのがオリオン機械、次いで伸和コントロールズです。

オリオン機械（長野県須坂市）は、チラー、真空ポンプ、圧縮空気浄化機器、精密空調機などの産業機械から酪農機械まで、多数の自社ブランド完成品を有する開発型メーカーです。水素ステーション用機器に注力し、独自技術でプレクールチラーやインバータチラーなどを開発・商品化しています。このほか、プレクール熱交換器、プレクールチラーにドライエアを供給するヒートレスエアドライヤー、エアタンク、エアフィルターなど、水素ステーションシステムに必要な機器を製造しています。

伸和コントロールズ（川崎市）は、精密温度調節装置と電磁弁の開発・製造を主力事業とする中堅企業です。同社の電磁弁は、宇宙ステーション補給機「こうのとり」に搭載される小型回収カプセルに採用されるなど、技術力には定評があります。同社は、半導体製造装置用温度調節装置で培った技術を応用して、水素ステーション用チラーを開発しました。超小型ステーション向けに、チラーに搭載するフロン圧縮機、凝縮器、蒸発器等を組み込んだユニットを自社内で制作し、ユーザーの要望するサイズに収まるよう設計することも可能とのことです。水素充填中の水素ガス温度を高精度に制御でき、装置の省スペース・省エネルギー化も実現したこのチラーは、イワタニをはじめ多くのステーションに採用されています。

ディスペンサー（充填機）は、FCVに直接水素ガスを充填する機器です。見た目は一般のガソリンスタンドにあるディスペンサーと似ていますが、ノズルの形状が異なります。水素ディスペンサーのノズルは、高圧の水素ガスが漏れ出ることのないようにFCVの受け口（レセプタクル）とがっちり連結して、充填が終わり減圧するまで外れない仕組みになっています。

水素ステーション用ディスペンサーの大手メーカーは、タツノ、日立オートモティブシステムズメジャメント、大陽日酸の3社です。タツノが約5割のシェア、残る5割を日立オートモティブシステムズメジャメントと大陽日酸が分け合う構図です。

タツノは、日本で初めてガソリン計量機（ディスペンサー）を製作し、以来、ガソリン計量機の製造販売を事業の柱として成長してきました。国内シェア60％以上を保持し、海外にも75ヶ国以上に輸出するなど、世界の三大ガソリン計量機メーカーの一つです。水素ステーション向けについても、初期の段階から水素ディスペンサーを開発・製造し、国内トップの地位を盤石にしています。他の機器にも言えることですが、課題はコストダウンです。ガソリン計量機は1基あたり平均３００万円程度なのに対し、水素ディスペンサーは厳しい安全規制などもあり、現状では10倍以上のコストがかかっています。同社は、可能な限り仕様の統一化を進め、生産性を上げることでコストを引き下げていく方針です。

日立オートモティブシステムズメジャメントは、サービスステーション事業や計装事業を主力事業としており、なかでも圧縮天然ガス（ＣＮＧ）ディスペンサーではシェア65％を占める国内トップメーカーです。その高圧ガス制御技術を活かし、水素ディスペンサーの開発・製造に初期の段階から携わり、２０１８年3月末時点で26ヶ所の商用水素ステーションにディスペンサーを納入しています。２０１５年に熱交換器を小型にすることによりコンパクト化を実現した「NEORISE」をリリースし、２０１６年にはモデルチェンジを行いデザインを一新しました。同社はこれを武器に新たな需要を取り込む方針です。

大陽日酸は、三菱ケミカルＨＤグループで、産業ガスの国内トップメーカーです。高度なガスコントロール技術を有し、２００５年には高圧型の70ＭＰａ水素ディスペンサーを開発・製品化し、その品質の高さは定評を得ています。ディスペンサー単体でも販売していますが、同社は、一連の機器を一体ユニット化したパッケージ型水素ステーションに注力しています。これについては後述します。

ディスペンサーには、FCVに水素を充填する注ぎ口のノズル、ノズルとディスペンサー本体を繋ぐホース、圧力計、流量計、各種バルブ・継手・遮断弁等、多くの部品が使われています。

充填ノズルを作っているのが、迅速流体継手（カプラ）の最大手メーカー日東工器です。同社は、2002年に国産初の水素充填カプラを開発しました。以来、現在に至るまで唯一の国産メーカーとして、FCV用カプラを販売しています。カプラは雌雄で一対の構成ですが、ディスペンサー側が雌形状の「ノズル」、FCV側が雄形状の「レセプタクル」です。日東工器はこの両方を作っています。ノズルは多くの水素ステーションに納入実績があり、レセプタクルの方はMIRAIに採用されています。

バルブメーカーのハマイも、水素充填カプラを販売しています。こちらは、レセプタクルは自社で開発・製造していますが、ノズルについては独WEHからの輸入販売です。

ディスペンサー本体からノズルへは、高圧ホースを通って水素が送られます。この水素充填用ホースを作っているのは、ブリヂストン、横浜ゴム等です。高い圧力の水素を閉じ込めることが可能で、かつ柔軟で使いやすい必要があります。

ブリヂストンは、内層に水素ガスを閉じ込める性質に優れた樹脂を採用し、外側を引っ張りに強い金属ワイヤーを6層に巻きつけて補強層としています。ブリヂストンのホースは、ＪＸＴＧエネルギーのすべての水素ステーションで使われています。

一方横浜ゴムは、岩谷瓦斯と共同開発した高圧水素ガス用ホース「ibar HG70」を２０１５年に販売開始しました。特徴として、補強層に金属ではなく特殊合成繊維を採用し、軽量で柔軟性に優れるホースとなっています。

大手メーカーに伍して水素充填用ホースを製品化している中堅企業があります。日本で初めてのフレキシブルチューブ・ベローズ（伸縮継手）の専門メーカーとして、１００年を超える歴史を持つ大阪ラセン管工業（大阪市）です。同社は、蓄積した技術ノウハウを活かして、高圧水素用の全金属製フレキシブルホースを開発し、これをベースに水素充填用ホースを製品化しました。市場開拓はこれからですが、技術力には定評があり、期待される存在です。

水素充填機の接続部に使うゴムパッキン「Ｏリング」を製造しているのが高石工業（大阪府茨木市）です。同社は、水回り・ガス・空気用ゴムパッキンの専業メーカーです。水素ガス用に、マイナス40℃からプラス１８０℃までの温度変化に耐える製品を開発し、これまでに数十基の水素ステーションに納入しています。

ディスペンサーや圧縮機、蓄圧器には、精密な圧力計が設置されています。これを作っているのが長野計器です。同社は、圧力計測の専業メーカーとして、世界最大規模の生産・販売力を有する、圧力計・圧力センサーのリーディングカンパニーです。創業１２０年の技術蓄積をベースに開発した、高圧水素用圧力計および圧力センサーは、多くの水素ステーションで活躍しています。同社の圧力センサーは、トヨタＭＩＲＡＩにも搭載されています。

流量計は、ディスペンサーメーカーが自社生産するのが一般的ですが、流量計など流体計測機器の最大手、オーバルも水素ディスペンサー向けの流量計を作っています。同社の高圧水素流量計は、１２０ＭＰａ対応の超高圧型で、接液部に溶接箇所はなく、高圧ガスの計測に適した信頼性の高い構造となっています。

水素ステーションで用いられる超高圧水素用バルブ機器の有力メーカーは、フジキンとキッツの２社です。

フジキンは、１９７５年から宇宙ロケット用バルブの開発に携わってきました。液体水素と液体酸素を混合して燃焼させる宇宙ロケットの燃料制御を通して、高圧への対応や、水素によってバルブ素材の強度が低下する水素脆性への対応技術を蓄積し、これを水素ステーション用バルブの開発に活かしたのです。製品のラインナップは、ディスペンサー用のコントロールバルブ、手動バルブ、継手などのほか、遮断弁、逆止弁、フィルター、さらにＦＣＶに搭載する安全弁など多岐にわたっています。同社によれば、水素ステーションで用いられる超高圧水素用バルブ機器の国内シェアは７割以上に達しています。

キッツは、水素ステーション向けのバルブを国内で初めて開発したメーカーです。70Ｍ

Ｐaという超高圧の水素を高速で通すために、海外企業が製造するニードルバルブではなく、ボールバルブを開発して、水素充填にかかる時間をおよそ10分の1に短縮することに成功しました。同社のバルブは、国内のほぼすべての商用水素ステーションで採用されています。

また同社は、小型パッケージユニットを用いた自家用の水素ステーションを、山梨県北杜市にある長坂工場に建設（２０１８年4月完成）しました。同社では、今後ＦＣＶとＦＣフォークリフトを社用車として活用し、水素ステーションの運用の実証を通じて、今後のバルブ開発のための技術蓄積を行っていく考えです。さらに、将来的には、コンパクトで高機能、安価な小型パッケージユニットを外販することも視野に入れています。

超高圧水素用バルブ機器は、水素ステーションおよびＦＣＶに不可欠の部品です。今後ＦＣＶの普及に伴って、着実な市場拡大が見込まれています。

水素ステーションに不可欠と言えば、水素ガス検知器があります。水素は、漏れやすい、着火しやすい、爆発の可能性があるなど、危険性があるので、高圧ガス保安法は、水素ステーションの水素製造装置、圧縮機、蓄圧器、ディスペンサー等すべての機器に、ガス漏れ検知警報器の設置を義務付けています。水素ガス検知器の市場を二分しているのが、理研計器と新コスモス電機です。

理研計器は、「理化学研究所」コンツェルンの一社として創設され、同研究所の科学技術をベースに産業用ガス検知警報機器の専門メーカーとして成長してきました。産業用ガス計測器のトップメーカーとして、水素ステーション向け、FCV向けに幅広く水素ガス検知器を提供しています。

もう一方の新コスモス電機は、家庭用ガス警報器のトップメーカーです。独自のガスセンサー技術を軸に、水素防爆対応の吸引式検知器など、水素ステーション用に進化したガス検知器を数多く開発しています。

パッケージ型水素ステーション

水素ステーション関連機器の有力メーカーは、個別の機器を単体で販売するだけでなく、一連の機器を組み込んで一体化した、パッケージ型水素ステーションユニットの開発・製品化に注力しています。パッケージ化することにより、大幅なコストダウンとコンパクト化が可能となり、水素ステーションの本格的な普及に必要とされる、低コスト化と省スペース化を実現するものと期待されています。

神戸製鋼所は、前掲の大容量高圧水素圧縮機「HyAC」とコンパクトなマイクロチャネル熱交換器（DCHE）を組み合わせ、さらに主要機器の最適な選定を行うノウハウと、コンパクトに設計する技術を融合させ、パッケージ型水素ステーションユニット「HyAC mini」を開発しました（２０１４年）。その特長は、各機器を個別に設置した場合と比べ設置スペースが2分の1で済むこと、主要な機器（圧縮機、ＤＣＨＥ、冷凍機等）が自社製品であること、蓄圧器が追加でき、拡張性の高いユニットであること、等が挙げられます。

さらに、２０１７年2月から、米国向けに「HyAC mini-A」の販売を開始しました。国内向けの「HyAC mini」に比べ、設置面積を10％削減し、ディスペンサー（タツノ製）を新たにセットで販売します。今後水素ステーションの整備が進むカリフォルニア州を中心に、拡販を図る考えです。

大陽日酸のパッケージ型水素ステーションの特色は、主要機器をコンパクト化、軽量化して、20 ftコンテナ程度の大きさにユニット化したことです。省スペースなだけでなく、トラックに搭載することが可能となりました。トラックに積んで現地まで運び、設置すれば済むので、工期を大幅に短縮（コストも低減）できます。また、トラックに車載したそのままで移動式ステーションとして運営できます。仕様はオンサイト式、オフサイト式、移動式のすべてに対応できる共通設計となっています。移動式は「Hydro Shuttle」、定置式は「Hydro City」という商品名で、商用水素ステーションへの納入実績（２０１７年3月時点）は、移動式34ヶ所中19ヶ所、定置式58ヶ所中４ヶ所と、特に移動式では高いシェアを占めています。

また、同社の関連会社が移動式水素ステーションを徳島市内２ヶ所で運営しています。

もちろん、設備は「Hydro Shuttle」です。

岩谷産業の子会社エーテックは、イワタニグループの中で、水素ステーション関連機器の製造を担当しています。国内外メーカーとの提携を含め、定置式水素ステーションを構成する圧縮機ユニットや蓄圧ユニット、移動式水素ステーション等の超高圧設備を製作していますが、これらをユニット化したパッケージ型水素ステーションも製品化しています。岩谷産業の提携先、独リンデ社のイオニック式水素ガス圧縮機を中核にした、定置式水素ステーションです。２０１８年4月に開業したイワタニ水素ステーション岡山南に設置されました。イワタニの通常の定置式ステーションの設置スペースの２分の１に収まっています。

また、必要な機器を1台のトラックに一括搭載した移動式水素ステーションも製造しています。こちらは、イワタニ水素ステーション大阪本町や前出のニモヒス移動式ステーションですでに稼働しています。

ホンダは、世界で初めて水電解システムをパッケージ型に収納した「スマート水素ステーション（ＳＨＳ）」を開発しました。ＳＨＳの特長は、再生可能エネルギーの電力で低炭素な水素製造が可能、縦約２・１ｍ×横約３・２ｍ×高さ約２・１ｍという極めてコンパクトなサイズで設置面積を大幅に削減、工場出荷後の設置工事が大幅に短縮できることなどです。再エネ電力のコストが高いので、商業ベースにはなかなか乗りにくいのですが、環境性の高さから、自治体主導のプロジェクトで注目を集めています。

２０１４年に、岩谷産業との共同事業で、さいたま市と北九州市で稼働を開始し、これまでに全国15ヶ所に実証ベースのステーションを設置しました。現行型ＳＨＳの水素充填圧力は35ＭＰａでしたが、２０１８年の新製品は70ＭＰａ対応となります。ホンダは、地方自治体などと協力して20年までに全国１００ヶ所程度に整備を目指すとしています。

これ以外にも、コンパクトな簡易型水素ステーションを開発している企業は、日本製鋼所、キッツ、巴商会（東京都大田区）、鈴木商館（東京都板橋区）、ヤマト・H2Energy Japan（大阪市）など多数あります。これらは、水素ステーションの低コスト化と整備促進に寄与するものと期待されます。

インタビュー

ＪＸＴＧエネルギー株式会社
新エネルギーカンパニー　水素事業推進部　部長　高橋真澄さん

西脇　御社は、水素エネルギーのリーディングカンパニーです。まず御社の水素エネルギーへの取り組みについてお話しください。

高橋　「水素製造の実績とノウハウ」と「全国のサービスステーションネットワーク」を活用し、安定的な水素供給と、自動車関連サービスの提供を通じ、お客様のカーライフをトータルでサポートしたいと考えています。

　水素ステーションについては、現在四大都市圏に40ヶ所開設し、運営しています。水素ステーションには、いくつかのタイプがありますが、当社はガソリンスタンド一体型を中心に、水素だけを販売する単独型や移動式も併せ、地域的な条件に合うように工夫して展開しています。

　また、供給面では、２０１６年3月、横浜市中区に「水素製造出荷センター」を開所し、水素の製造から首都圏のステーションへの配送までの体制を整えました。

水素ステーションの運営には、近隣地域にお住まいの方々の水素に対するご理解を得ることが不可欠だと考えています。そのため、自治体と連携した情報発信、体験・見学会等により、水素への「親しみ」を図る啓発活動を推進しています。

その一環として、２０１７年３月、「見る」「体験する」ことをコンセプトに、横浜綱島水素ステーションに併設したショールーム「スイソテラス」をオープンしました。開所以来、２０１８年３月までに１３００名を超えるお客様にお越しいただいています。

西脇　「水素・燃料電池戦略ロードマップ」では、現在100ヶ所程度開設されている水素ステーションを、２０２０年１６０ヶ所、２０２５年３２０ヶ所、２０３０年９００ヶ所と増やしていく計画になっています。御社もこれに合わせて拡充していかれるのでしょうか。

高橋　当社は国内燃料油販売でシェア50％のトップ企業であり、水素ステーションについても、積極的に整備を進めていきたいと考えております。

西脇　御社をはじめとするインフラ事業者6社、自動車メーカー3社、金融投資家等2社の計11社が、水素ステーションの本格整備を推進するための新会社「日本水素ステーションネットワーク合同会社（ＪＨｙＭ：ジェイハイム）」を２０１８年２月に設

高橋 **立しました。どのような狙いでしょうか。**

FCVと水素ステーションはニワトリと卵の関係と言われることがありますが、普及のためには、水素ステーションの整備とFCV台数の増加の両方が不可欠です。

新会社は、FCV普及初期における水素ステーション事業の諸課題を踏まえ、インフラ事業者、自動車メーカー、金融投資家等がそれぞれの役割を果たし、11社を中心としたオールジャパンでの協業により、戦略的な水素ステーションの整備、並びに効率的な運営に取り組むことで、FCVユーザーの利便性向上を図り、FCV台数の増加、水素ステーション事業の自立化、更なる水素ステーションの整備という「FCVと水素ステーションの好循環」の創出を目指します。

西脇 **水素ステーション整備の課題は何でしょう?**

高橋 まずコストの問題があります。経済産業省が、補助金対象となる水素ステーションの整備費および運営費を集計していますが、これによると、1ヶ所あたり整備費は3・5億円、運営費は4000万円かかります。補助の対象にならない設備もありますので、総額ではさらに大きな金額になります。

自立化(補助金なしで運営できる)に向けては大幅なコストダウンが不可欠です。

西脇 **規制の合理化についてはどうですか?**

高橋 それも重要な要素の一つです。2017年4月の、再生可能エネルギー・水素等関係閣僚会議の場で安倍首相から「水素ステーションに関する規制を合理化するため、海外の規制や国内のガソリンスタンドとの比較も念頭に置いて、総点検するように」との直々の指示がありました。今後規制の合理化がスピードアップすることを期待しています。

我々民間企業も、要望を出すだけでなく、データの提供や、安全技術の開発に努めるなど、官民一体となって進めています。

西脇　**国のロードマップでは、2020年代後半に水素ステーションの自立化を目指すとなっていますが、これは可能でしょうか？**

高橋　水素ステーションの自立化に向けては、売り上げが増えることが一番大事ですのでFCVの普及台数拡大が必要不可欠です。

それと、水素ステーションのコスト低減も非常に重要ですので、整備費・運営費・水素の調達コストをいかに低減するか、日々努力しているところです。需要が拡大し、コストが下がれば自立化は実現できると考えています。

西脇　**御社は東京2020オリンピック・パラリンピック競技大会（以下「東京2020大会」）のゴールドパートナーですが、どのように取り組んでいくのですか？**

高橋　東京2020大会を契機に利用拡大が見込まれる水素エネルギーの供給を通じた新たなエネルギー社会の創造に貢献していきたいと考えています。

また、２０１８年2月に、当社は、東京ガスなど民間企業5社とともに、東京都の「選手村地区エネルギー事業者」に決定しました。本事業は、東京２０２０大会後の選手村跡地における、車両向け、および住宅・商業施設等に設置される純水素燃料電池向けの水素供給を中心とする事業です。当社は、車両や各街区への水素供給拠点となる水素ステーションの整備・運営を担当します。

東京２０２０大会ゴールドパートナーとして、大会の成功に貢献するとともに、大会後のレガシーとなり得る事業へ参画することにより、水素社会の実現に向けて貢献してまいります。

西脇 20年後、30年後のエネルギー社会はどのような姿になっていると思いますか？ 水素社会は実現しているでしょうか？

高橋 さまざまなエネルギーのベストミックスが重要であり、水素エネルギーだけが主役ということにはならないとは思いますが、水素が重要な選択肢の一つとなることは間違いないでしょう。

西脇 「FCVと水素ステーションの好循環」により、水素ステーションの整備が進み、早期に自立化が達成されることを期待します。本日はありがとうございました。

第3章

燃料電池

1　燃料電池はエネルギー効率の高い「発電装置」

高いエネルギー効率と低い環境負荷

水素エネルギーの利用の仕方で最も一般的なのが燃料電池です。燃料電池は「電池」というネーミングから乾電池や蓄電池のように電気を貯めておく装置を連想しがちですが、水素と酸素を電気化学反応させて電気を作る「発電装置」です。

水に電気を通すと水素と酸素に分解します（水の電気分解）が、燃料電池の仕組みはその逆で、水素と酸素を結合すると水になり、その時電気が発生します。

通常の火力発電と較べて燃料電池が優れている点は、まず何といっても環境にやさしいことが挙げられます。

火力発電は燃料として石炭や天然ガス等の化石燃料を使うため大量のCO_2を排出しますが、燃料電池は利用段階で排出するのは水だけでCO_2もその他の有害ガスも一切排出しません**（注）**。

二つ目の特長は、エネルギー効率が高いことです。

火力発電は、燃焼熱で水蒸気を作りタービンを回し、その回転エネルギーを電力に変換するので、どうしてもロスが生じます。燃料電池は化学エネルギーを直接電力に変換するので無駄がありません。従来型の天然ガス火力発電の発電効率は40％程度なのに対し、市販されている燃料電池の発電効率は35～60％程度になります。

さらに、発電時の排熱を給湯・暖房等に利用するコジェネレーション（熱電併給）方式では総合エネルギー効率は70～90％にも達します。火力発電でも最新鋭のガスコンバインドサイクル発電（ガスタービンと蒸気タービンの複合発電）では、発電効率55％というものもありますが、これは数十万ｋＷクラスの巨大発電プラントで、中小型のものはコスト的にもコンバインド方式にすることは難しいでしょう。

わが国の電力システムは、大都市から遠く離れた臨海部の巨大発電所で集中的に発電を行い、需要地である大都市に高圧送電を行う大規模集中電源方式です。送電によるロスが総発電量の５～６％に上ります。また、熱は、電気のように遠隔地に運ぶことはできないので、巨大発電所の排熱を有効に活用することは困難です。

これに対して、燃料電池は基本的に小型分散電源です。電気化学反応による発電なので小型でも発電効率は下がりません。有害ガスを排出しないことに加え、運転中の騒音、振動がほとんどないので、都会のビルや一般家庭にも設置が可能です。需要家の傍で発電するので送電ロスがなく、排熱の利用も容易です。

もちろん課題もあります。その最大のものはコストが高いことです。

現在は国や自治体が補助金制度を設けて普及の後押しをしています。いつまでも補助金

【図表3-1】燃料電池の主な種類と特徴

	固体高分子形（PEFC）	りん酸形（PAFC）	溶融炭酸塩形（MCFC）	固体酸化物形（SOFC）
電解質材料	固体高分子膜	りん酸水溶液	溶融炭酸塩	ジルコニア系セラミックス
運転温度	70〜90℃	180〜200℃	600〜700℃	700〜1,000℃
発電効率（HHV）	30〜40%	35〜42%	約40〜50%	約40〜65%
想定出力	〜100kW	〜1,000kW	100〜10万kW	1〜10万kW
想定用途	家庭用、小型業務用、自動車用、携帯端末用	業務用、工業用	工業用、分散電源用、火力代替	家庭用、業務用、工業用、分散電源用、火力代替

出典：燃料電池.netより筆者作成

制度を続けるわけにもいかないので、できるだけ早期に自立化を図ることが必要です。コスト削減努力に向けた技術開発や製造メーカーの企業努力が求められます。

（注）燃料電池は使用段階ではCO$_2$を排出しないが、水素製造段階で化石燃料を原料に使った場合CO$_2$を排出する。その場合でも、火力発電と較べれば、エネルギー効率が高い分だけCO$_2$の排出量は少ない。

燃料電池の種類と特徴

燃料電池は、使用する電解質によっていくつかの種類に分類されます。主なものは図表3−1の比較表に示した4種類です。

比較表の左から3つ、固体高分子形（PEFC）、りん酸形（PAFC）、溶融炭酸塩形（MCFC）は2000年前後から実用化されています。一番右の固体酸化物形（ＳＯＦＣ）は、２０１０年代に開発段階から実用段階に移った比較的新しい機種です。

表を見ていただくと、発電効率は左から右へいくほど高く、想定出力も右の方が大きいことがお分かりいただけるでしょう。

一番右のＳＯＦＣは40～65％という高い発電効率で、10万ｋＷ程度までの大容量の発電が可能です。ただし、運転温度は７００～１０００℃という高温が必要です。

一方ＰＥＦＣは、発電規模が小さく発電効率は劣りますが、運転温度が70～90℃と常温に近いので扱いやすく、家庭用には最適です。

これに対して業務・産業用には出力規模が大きいＰＡＦＣから右の３種類が主に使われています。

4種類のうちＰＥＦＣとＰＡＦＣは、低温反応のために触媒に高価な白金を使う必要があり、コスト高の要因の一つとなっています。

ＳＯＦＣは発電効率が最も高く、白金触媒も必要としないので、業務・産業用の主流になるとみられています。また小型化も容易なので、家庭用としても期待されます。

燃料電池自動車にはＰＥＦＣが使われています。自動車に搭載する電池としては発電効率も重要ですが、自動車はキーを入れたらすぐに発進する必要があります。運転温度が高いものは起動までに時間がかかるので、適していません。

2 家庭用燃料電池エネファームは普及段階へ

世界に先駆けて市場投入

家庭用燃料電池は、日本が世界に先駆けて開発および商品化しました。

2009年1月、東京ガス、大阪ガス、東邦ガス、西部ガスの都市ガス大手4社と、新日本石油（現JXTGエネルギー）、アストモスエネルギー（出光興産と三菱商事の合弁会社）の計6社は、「家庭用燃料電池の販売開始および普及に向けた共同宣言について」を発表､同年9月「エネファーム」（2008年6月より統一名称）の販売を開始しました。

エネファームは図表3-2のように、燃料電池ユニットと貯湯ユニットの二つのユニットからなり、燃料電池ユニットでは、都市ガスやLPガスから改質器を使って取り出した水素を空気中の酸素と化学反応させ、電気を作り出します。改質および発電の際に発生する熱を回収してお湯を作り、これを貯湯タンクに貯めて家庭内の給湯暖房に利用します。

つまり、この1台で水素製造から発電、熱回収までをこなし、電気と温水を供給するコジェネレーションシステムです。コジェネ方式なのでエネルギー効率が極めて高く、熱と電力を合わせた総合効率（LHV）は80～90％に達します。この高いエネルギー効率により、従来のエネルギーシステム比で一次エネルギー使用量を23％削減でき、CO_2の削減

【図表3-2】エネファームの仕組み

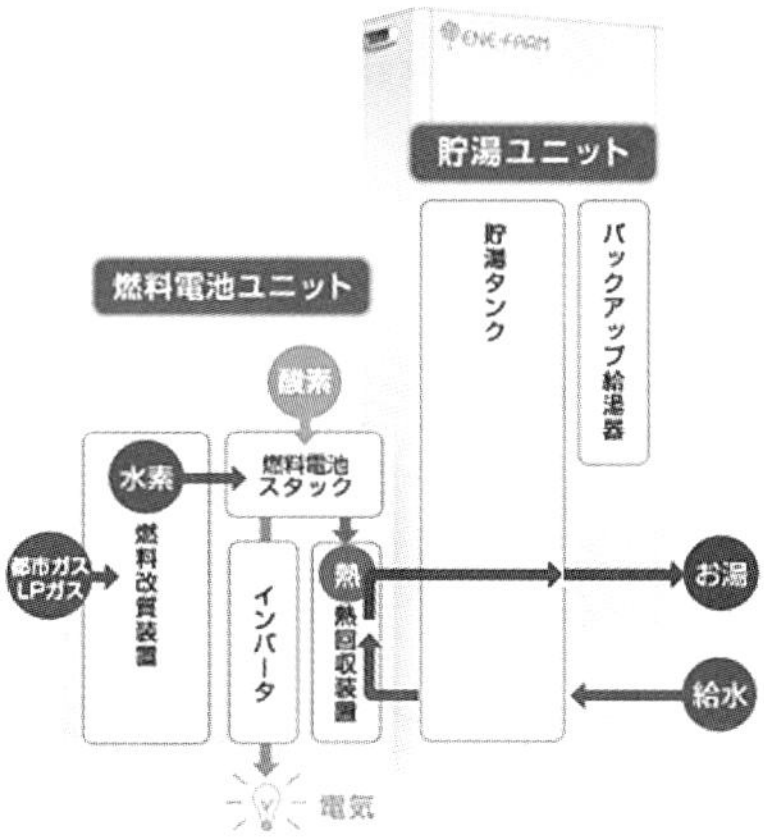

出典：燃料電池普及促進協会HP

率は38％で、４人家族の標準家庭で年間削減量は１３３０kg（２４６０㎡の森林が吸収するCO_2量に相当）と見積もられます（出典：燃料電池普及促進協会）。

　エネファームに使われる燃料電池は前述の通りＰＥＦＣが主流ですが、発電効率の高いＳＯＦＣを使ったエネファームも２０１１年から商品化されています。ＰＥＦＣは運転温度が70～90℃と常温に近いので起動停止が容易で、使い方としては電力使用量の多い時間帯とお湯を必要とする時間帯に運転を行い、夜間など電力使用量の少ない時間帯は運転を停止します。

　一方ＳＯＦＣは運転温度が高いので、基本的に24時間連続して運転（発電量は電力負荷に合わせて調整）します。電力消費量の多い需要家に向いています。

エネファームで発電した電力は分電盤で系統電力と連係して家庭内へ供給されるため、停電時には運転を停止する仕組みとなっており、東日本大震災時やその後の計画停電時には使用できませんでした。現在は「停電時発電機能」を備えた機種が開発され、停電時でも電気機器や温水・暖房が使用できるようになっています。

普及拡大のカギは価格低下

販売は年々増加しており、2016年度の販売台数は4・7万台、2017年3月末時点の普及台数は19・5万台。「水素・燃料電池戦略ロードマップ改訂版」では、普及台数について2020年に140万台、2030年に530万台という目標を掲げています。わが国の全世帯数5300万世帯の1割がエネファームを設置するという目標です。

エネファームの普及を図るうえでネックとなるのが導入費用（機器価格＋設置工事費）が高いことです。エネファームの販売開始当初の価格は350万円でした。国の補助金が140万円つきましたが、需要家の負担は200万円を超えていました。

その後、図表3-3のように価格は下がってきていますが、依然100万円を超えています。補助金制度は2015年度で終了することになっていましたが、国は2016年度以降も制度を延長し、2018年度はPEFC型6万円、SOFC型12万円を上限とする支援スキームが継続されています。

【図表3-3】エネファームの普及台数と価格の推移

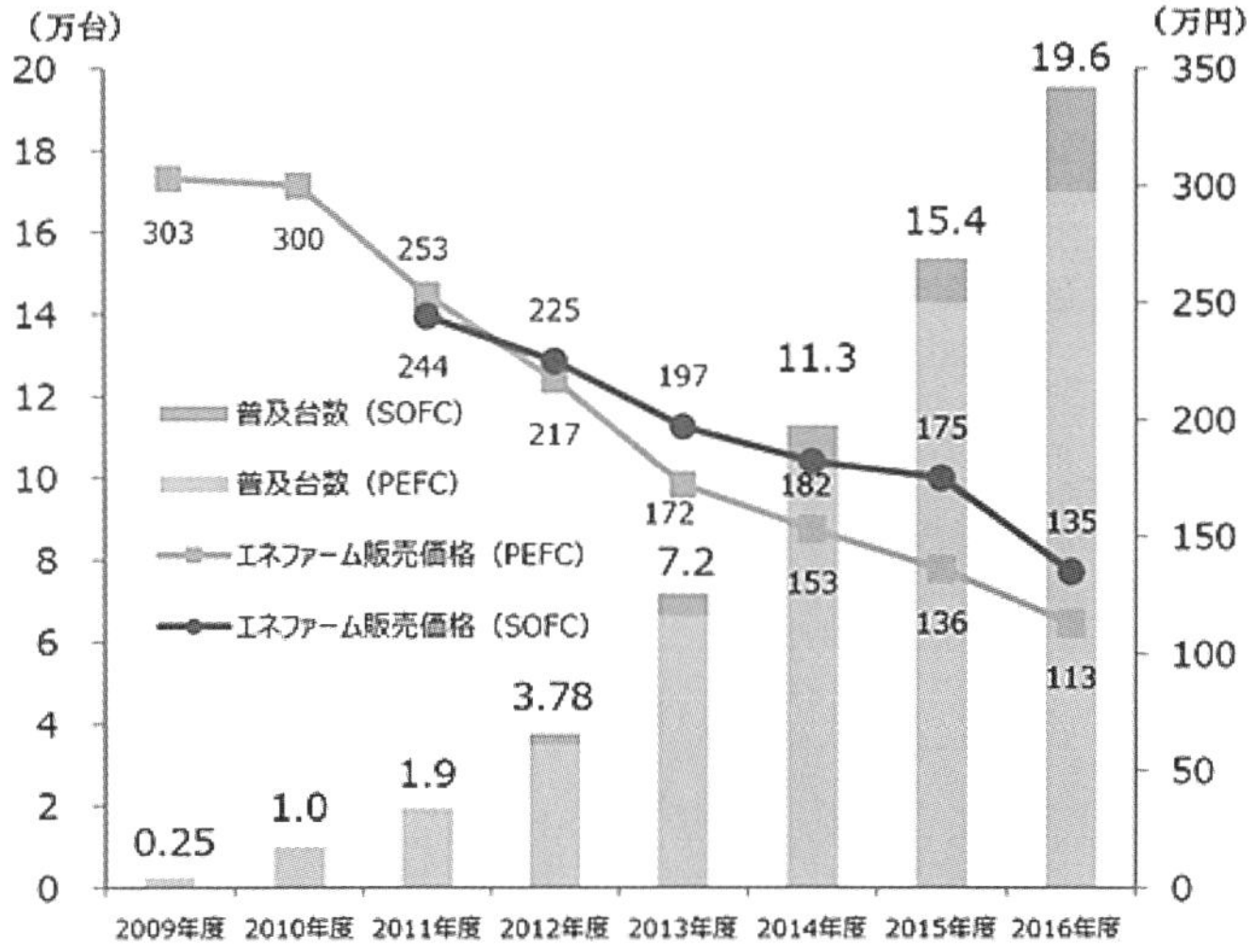

普及台数と販売価格の目標

7~8年で投資回収可能な金額

普及台数の目標		販売価格の目標	
2020年	140万台	PEFC	80万円
2030年	530万台	SOFC	100万円

出典：上図は資源エネルギー庁「エネルギー白書2017」より、下の目標数値は経済産業省「水素・燃料電池戦略ロードマップ改訂版」(2016.3.22) より

「ロードマップ」では、販売価格の目標をPEFC型80万円、SOFC型100万円としています。これは光熱費の削減効果で、導入費用が8年程度で回収可能なレベルです（注）。このレベルまで下がれば需要家にとって経済的メリットが出てくるので、急速に普及が進むとみられています。早期にこのレベルまで価格低下を実現できるかどうかが、普及拡大のカギを握っているといっても過言ではありません。

普及拡大のもう一つのカギは、全世帯の4割を占める集合住宅への普及が進むかどうかです。集合住宅は、世帯人数が少ないことや設置場所の制約等から機器の小型化が必要であり、また光熱費の削減効果が相対的に小さいので経済性も一段と厳しくなります。この点、効率が高く小型化も可能なSOFC型が期待されますが、やはり価格がどこまで下がるかがポイントです。

SOFC型は基本的に24時間連続運転なので、需要を超えて発電するケースも発生します。大阪ガスは2016年4月から、余剰電力を買い取るサービスを開始しました。東邦電力、静岡ガス等も追随しています。利用者は売電収入を得られるので、その分経済性が改善します。今後、マンションの全戸にエネファームを設置して、余剰電力をまとめて買い取るような仕組みができれば、集合住宅への普及拡大に大きな効果があるでしょう。

（注）4人世帯の場合PEFC型エネファーム導入により光熱費を年間6万〜7万円削減できる。従来型の給湯器が工事費込みで25万〜30万円程度とすれば、

削減効果は８年間で73万～86万円。

３　業務・産業用は開発段階から実用段階へ

普及が遅れる業務・産業用

家庭用燃料電池エネファームの普及が軌道に乗りつつある一方で、業務・産業用の燃料電池はほとんど普及していません。

業務・産業用も家庭用と同様、CO_2削減効果とコジェネ方式による高いエネルギー効率がメリットになります。また、災害時や系統停電時における非常電源としての価値は、ＢＣＰ（事業継続計画）の観点から家庭用に比べて高く、特に震災後はこのニーズは一段と高まっています。

ではなぜ普及が進まないのでしょうか。一般市民が購入する家庭用燃料電池の場合は、「環境にやさしい」「CO_2を出さない」点を評価して多少値段が高くても導入を決断するケースも少なくありません。しかしビジネスで使うとなると、投資に見合う採算性があるか否かが決定的に重要なファクターとなります。家庭用の場合、投資回収期間が10年を切ってくれれば自立的普及が進むと見られています。これに対して、業務・産業用分野における一般的な投資回収期間は概ね5年程度とされており、ハードルは格段に高くなります。国の支援もまず家庭用燃料電池の普及に重点が置かれ、業務・産業用についてはこれまで十分とは言えませんでした。

産業用は米国が先行

一方世界に目を転ずると、家庭用が先行する日本とは逆に、米国でも欧州でも家庭用に先行して産業用燃料電池の普及が始まっています。

もともと欧米では、オフグリッドの分散電源や停電時のバックアップ電源に対するニーズが高いことに加え、電力料金に比べガスの価格が相対的に安いことで、天然ガスから水素を取り出す方式の燃料電池のコスト面でのハードルが低くなっています。加えて、国や自治体も手厚い補助で産業用燃料電池普及を後押ししています。欧州では、補助金制度のほか、燃料電池による発電を固定価格買取り制度（FIT）の対象としている国もあります。

米国では、自家発電導入プログラムに対して、連邦政府が3分の1補助、カリフォルニア州など一部の州はさらに3分の1補助を行っており、合計で最大3分の2補助を受けられます。米国では、企業がデータセンター用の自家発電装置として導入するなど、すでに1000台を超える産業用燃料電池が設置されています。市場が拡大することによってメーカーの製造コストも下がり、これが新たな需要を掘り起こす好循環を生んでいます。

米国の燃料電池市場を牽引する代表的メーカーは、ブルームエナジーとフューエルセルエナジーの2社です。

ブルームエナジー（米カリフォルニア州）は2001年に起業したベンチャー企業です。製造する燃料電池（商品名：Bloom Energy Server）はSOFC型で、燃料電池（単電池）を集積してモジュール化（1モジュールの出力は40kW）し、これを5個つないだ200kWが基本システムとなっています。モジュール化することによって製造コストを抑えるとともに、拡張性を高めています。また、電気と熱を同時に供給するコジェネ方式ではなく、発電のみに特化したモノジェネ方式で、発電量を最大化し発電コストの引き下げを図っています。

ブルームエナジーのビジネスモデルは、燃料電池を売るのではなく、同社の負担で顧客の敷地内に設置し、発電した電力を長期契約で顧客に供給し、初期コストは毎月の電気料金に上乗せして回収するというものです。顧客は初期費用なしで一定の電気料金で長期に供給が受けられます。同社の顧客リストにはアップル、グーグル、ウォルマートストア、AT&T、イーベイ、コカ・コーラ等多くの大企業や大学、病院等が名を連ねています。

一方のフューエルセルエナジー（米コネチカット州）は、MCFC型の燃料電池で出力規模がメガワットクラス（1MW＝1000kW）の大型機を得意とします。「Bloom Energy Server」同様、発電のみのモノジェネタイプですが、排熱を回収して蒸気タービンを回して追加発電を行うコンバインドシステムを採用し、発電効率を高めています。

同社の燃料電池は、地域コミュニティーの分散電源や、事業用発電としても使われています。たとえば同社が手掛けた「ブリッジポート燃料電池発電所」は、2・8MWのMFC5基と、排熱回収による蒸気タービン1MWの合計15MWの出力規模で、コネチカット州の地域電力会社が利用しています。

日本勢も開発・商品化に向けて始動

日本で業務・産業用燃料電池を販売しているのは、2017年央までは富士電機とブルームエナジージャパンの2社のみでした。

富士電機は日本の業務・産業用燃料電池のパイオニアでありトップランナーです。PAFC型コジェネタイプの中型機（出力105kW）を1998年から出荷開始し、これまでオフィスビル、病院、ホテル、工場、下水処理施設等幅広いユーザーに累計75台納入しています（2017年4月1日現在。出典：富士電機ホームページ）。

販売価格は6500万円、据え付け工事費を含め約8000万円。家庭用のエネファームとは規模が違うので単純に比較はできませんが、kW当たりの単価は、エネファーム（出力700W、115万円）の160万円／kWに比べ2分の1以下の76万円／kWとなります。それでもガスエンジンを使った従来型のコジェネが50万円／kW程度であることに較べるとなお割高ですが、条件が合えば国や自治体の補助が受けられます。近年は下水処理場での導入が増加しています。下水処理で発生するバイオガス（メタン等）から抽出した水素で発電した電力は固定価格買い取り制度（ＦＩＴ）の対象となり、39円／ｋＷｈの売電収入が得られます。

富士電機の独壇場に新たに参入したのが、米ブルームエナジーと、ソフトバンクグループのＳＢパワーマネジメントが２０１３年折半出資で設立したブルームエナジージャパンです。同社は「Bloom Energy Server」を米国内と同じビジネスモデル（初期費用なしで長期電力供給契約）で営業展開しています。20年間固定の電気料金はｋＷｈあたり20円台後半と、一般の産業用電力の10円台後半より割高ですが、環境性や非常用電源としてのメリットもあり、ソフトバンク本社をはじめとするオフィスビル、慶應義塾大学湘南藤沢キャンパス、大阪府中央卸売市場等が導入しています。

日本では家庭用燃料電池の普及が先行し、海外では産業用中心に普及が図られるという構図は太陽光発電と同じです。

日本はかつて住宅用太陽光発電を世界に先駆けて商品化し、２０００年代初頭には世界の太陽光発電設備累積導入量の半分近くを日本一国で占めていました。

２０００年代半ばに、ドイツ、スペイン、イタリアなど欧州諸国がＦＩＴを梃子《てこ》に急速に太陽光発電の導入を拡大しました。欧州諸国の戦略は、小規模な住宅用より業務用・事業用の大規模な発電設備に強力なインセンティブを与えることで、太陽光発電の電力量を一気に増加させようというものでした。急拡大する欧米市場に向けて世界の太陽光パネルメーカーが熾烈な競争を繰り広げ、価格は大幅に低下。この恩恵を受けて住宅用の市場も立ち上がっていくという好循環が生じました。

一方日本のパネルメーカーは、国内市場向けのハイエンドで高価格帯中心の製品戦略で、国内ではある程度のシェアをキープしましたが、世界市場では価格競争に後れを取り競争力を失っていきました。２０００年代初頭には世界のトップ3を日本メーカーが独占していましたが、２０１５年にはベスト10からまったく姿を消してしまいました。

燃料電池の市場で同じ轍を踏まないためには、早期に業務・産業用燃料電池の市場を育成し、市場拡大が製品のコストを押し下げさらなる市場拡大につながる好循環を生み出す土壌を作ることが必要です。

特に、エネルギー効率が高く、コスト削減の余地も大きいＳＯＦＣ型は、家庭用の小型から発電事業用の大型まで用途も広く、今後燃料電池の主流になると目されています。家庭用ＳＯＦＣはエネサーブですでに商品化されていますが、業務・産業用についても、早期に市場を立ち上げ、普及拡大を図ることが望まれます。

その意味で平成29（２０１７）年度予算で、ＳＯＦＣ燃料電池導入費用の3分の１（金額上限あり）の補助金を支給する「業務・産業用燃料電池システム導入支援事業補助金制度」が創設され、本格的支援スキームが整備されたことの意義は大きいものがあります。

日本の燃料電池メーカーはいまＳＯＦＣ型の開発・商品化に精力的に取り組んでおり、その状況は次節で述べますが、２０１７年後半から２０１８年にかけて新製品が続々市場投入されつつあります。２０１８年は日本の業務・産業用燃料電池の本格普及が始まった年として記憶されるでしょう。

4　花開く燃料電池ビジネス

エネファーム製造から東芝撤退後の市場動向は？

エネファームの２０１７年度販売台数は４万９０００台、２００９年販売開始以来の累計販売台数は25万７０００台となりました。このうち約９割が都市ガスエリア、残り１割がＬＰガスエリアです。エネファームの販売および普及活動は、都市ガス事業者、ＬＰガス事業者およびその代理店等が行っています。その中心的存在が東京ガスと大阪ガスです。東京ガスは２０１７年５月に累計販売台数９万台を達成、大阪ガスも２０１８年２月に８万台を達成し、両社で全体の約７割を占めています。

エネファーム販売台数のほぼ９割はＰＥＦＣ型ですが、このＰＥＦＣ型を製造しているのは、パナソニックと東芝燃料電池システム（東芝の100％子会社）の2社です。

パナソニックは東京ガスとの結びつきが強く、当初の技術開発・商品化の段階からその後の新製品の開発も共同で行っています。一方の東芝は、同様に大阪ガスと共同開発を行ってきました。パナソニックと東芝のシェアは拮抗しており、2社でPEFC市場を分け合っています。ところが、経営再建中の東芝は事業の選択と集中の観点から、2017年7月にエネファームの製造・販売から撤退してしまい、現在ではパナソニックの一強状態となっています。

そのパナソニックは、海外展開にも積極的で、2014年には欧州の大手ボイラーメーカー、独フィスマングループと、欧州市場向けの家庭用燃料電池（PEFC）を共同開発し、フィスマンの販路を活用してドイツでの販売を開始しました。欧州で家庭用燃料電池が一般向けに販売されるのはこれが初めてです。

SOFC型は、2011年に、JX日鉱日石エネルギー（現JXTGエネルギー）子会社のENEOSセルテックが世界で初めて市場に出しました。同社はPEFC型・SOFC型の双方を生産し、大手の一角を占めていましたが、2015年3月末で生産を終了しました。

ENEOSセルテックに次いで2012年にSOFC型の販売を開始したアイシン精機が、現在は唯一のメーカーです。同社は大阪ガス、京セラ、トヨタとの共同開発で、家庭用燃料電池としては当時の世界最高水準となる46・５％の発電効率を実現しました。集合住宅での普及が進めば、コンパクトで高効率なＳＯＦＣ型が伸びると目されています。今後新規参入も想定されますが、同社は先行メーカーとして有利なポジションにあります。

ＥＮＥＯＳセルテック、東芝の撤退により、ＰＥＦＣ型もＳＯＦＣ型も製造メーカーがそれぞれ１社のみという異常な状態となってしまいました。エネファーム市場は成長が期待できる市場ですが、足元の販売台数の伸び率が、２０１５年度プラス６・４％、16年度プラス16・４％、17年度プラス３・７％（出典：コジェネ財団）と伸び悩んでいることや、採算的に厳しいことなどから、なかなか新規参入する企業が出てきません。

エネファームは図表３‐２（101頁）のように、燃料電池ユニットと貯湯ユニットの２つからできています。貯湯ユニットを作っている大手メーカーは、石油給湯器のトップメーカー長府製作所、ガス器具・給湯器で１位２位のリンナイとノーリツの３社です。

製品開発で、東京ガスとパナソニック、大阪ガスと東芝が協力関係にあることは先に述べました。貯湯ユニットに関しては、パナソニック製品には主にリンナイが貯湯ユニットを供給し、東芝製品には主に長府製作所とノーリツの両社が供給しています。東芝と関係の深かった長府製作所やノーリツが、自ら燃料電池ユニットも作り、今後エネファーム市場に直接参入する、あるいは大阪ガスへのＯＥＭ生産をする可能性も考えられます。

さらに注目されるのが、ＳＯＦＣセルスタックトップメーカーの京セラの動向です。

ＳＯＦＣは高温で作動するので、セルやセルスタックの部材はすべてセラミックで構成されます。京セラは得意とするセラミック技術を活かして作ったセルスタックを、これまでＳＯＦＣ型エネファームメーカーに独占的に供給してきました。

その京セラが、出力３ｋＷの小型業務用燃料電池の受注を２０１７年７月から開始しました。家庭用７００Ｗのセルスタックを４個搭載し、このクラスでは世界最高水準の発電効率52％、熱利用を含めた総合効率は90％です。

今後、家庭用エネファームにも参入するのではないかと見られています。

業務・産業用はＳＯＦＣ型が続々商品化へ

業務・産業用燃料電池を国内で生産しているのは、これまで富士電機のＰＡＦＣ型１０５ｋＷ１機種のみでした。今後は、ＰＡＦＣ型よりエネルギー効率が高く、コストダウンの可能性も大きいＳＯＦＣ型が主流になると見られ、新たに参入を計画する企業は、ＳＯＦＣ型の開発・商品化に取り組んでいます。

国も、新エネルギー・産業技術総合開発機構（ＮＥＤＯ）の「固体酸化物形燃料電池（ＳＯＦＣ）等実用化推進技術開発プロジェクト」（２０１３～２０１７年度）を、技術面・資金面でサポート。また前述の通り、２０１７年度から初期導入費用の３分の１を補助する補助金制度も創設されました。

業務・産業用と一口に言っても、先ほどの京セラの３ｋＷクラスから米フューエルセルエナジーの１万ｋＷを超えるものまで幅があります。

小型機はコンビニ等の店舗、小規模な飲食店、病院、福祉施設などが主な顧客層です。家庭用エネファームと同様、コジェネ方式で電力と熱を供給します。家庭用に比べ電力も給湯・暖房も使用量が大きく、かつ昼も夜も一定の需要があるので、24時間連続運転するＳＯＦＣ型が好適です。50ｋＷ以下の低圧電力契約は電気料金単価が高いので電気代削減効果が出やすいこと、10ｋＷ未満の発電設備は一般電気工作物として扱えるため設備の制約が少ないことから、小型ＳＯＦＣの潜在的な市場規模は大きいと見込まれます。

ＳＯＦＣの市場投入で先陣を切った京セラに続いたのが、産業用小型ボイラーのトップメーカー三浦工業です。住友精密工業の協力を得て、住友精密が生産する発電モジュールと三浦工業のボイラー技術を組み合わせ、出力４・２ｋＷのＳＯＦＣ燃料電池を開発し、２０１７年10月に販売を開始しました。この開発は、前述の「ＮＥＤＯプロジェクト」採択案件です。

デンソーも、２０１５年度にＮＥＤＯプロジェクトに採択され、東邦ガスと共同して、５ｋＷクラスのＳＯＦＣの開発および実証実験を行ってきました。こちらはまだ市場投入時期を明らかにしていません。

これより少し大きめの20ｋＷのＳＯＦＣ開発に取り組んでいるのが日立造船です。同社は社名に造船と名がついていますが、2002年に造船事業を切り離し、「エネルギー」と「水」の環境分野をコア事業領域とした機械・プラントメーカーです。燃料電池を柱の一つに育てる方針で、10年以内に100億円の売り上げを目指しています。同社は、NEDOの助成事業の下、大阪産業技術研究所と共同で、同研究所和泉センターにて実証実験を行っています。さらに2018年1月には、花博記念公園鶴見緑地内に2号機を設置して実証実験を開始。中圧ガス供給により運転を行うことで発電効率を向上させ、52%超を達成しました。両機とも、セルスタックには日本特殊陶業製の平板型を採用しています。

日立造船は、20~数百kWまでの食品スーパー、コンビニ、オフィスビル、集合住宅などを対象として、2018年度内の市場投入を目標に開発を進めています。

このように中・大型機は、電力や熱利用規模の大きい、スーパー、デパート、ホテル、病院、オフィスビルや工場等が主要顧客です。工場等では熱利用のニーズはそれほど大きくないので、排熱を使って蒸気タービンを回し発電量を増やすコンバインド発電方式が有望です。

中型機では、富士電機と三菱日立パワーシステムズの2社の製品が実証段階にあります。業務・産業用燃料電池のトップランナー富士電機は、現在生産しているPAFC型の拡販に注力する一方で、SOFC型の開発にも取り組んでいます。同社が開発した中容量常圧型円筒型SOFCシステムは、2014年度からNEDOの助成を受けて、実用化技術の実証実験を行っています。

三菱重工と日立製作所の火力発電システム事業を統合した三菱日立パワーシステムズは、ＳＯＦＣとマイクロガスタービン（ＭＧＴ）を組み合わせた加圧型複合発電システムを開発しました。

ＳＯＦＣで発電した後、残燃料と高温の排気をＭＧＴに送り発電に利用します。加圧により電圧が大きく増大する加圧型ＳＯＦＣの特性を活かし、発電効率55％を達成しました。加圧型ＳＯＦＣの心臓部である円筒型セルスタックは、セラミック技術に定評のある日本特殊陶業との共同研究で開発しました。ＭＧＴは、トヨタエナジーソリューションズとの共同開発です。出力２５０ｋＷの実証機を国内４ヶ所に設置して安定稼働を確認。２０１８年1月、丸の内ビルディング（丸ビル）向けに初の受注を獲得しました。本格運転開始は、丸ビルの発電設備改修工事が完成する２０１９年2月の予定です。

また同社は、より大規模なメガワット（１ＭＷ＝１０００ｋＷ）クラスの大型機開発にも取り組んでいます。

もう1社、メガワットクラスの大型機開発に取り組んでいるのが東芝エネルギーシステムズです。同社は、２０１７年10月東芝本体から分社化したエネルギー事業子会社です。東芝は家庭用エネファームからは撤退しましたが、今後は業務・産業用の純水素燃料電池に注力していく方針です。すでに3・5ｋＷ、１００ｋＷの小・中型機を開発済みで、出力１０００ｋＷの大型機を、２０１９年リリースを目指し開発中です。

東芝の燃料電池は、発電効率の高いＳＯＦＣ型ではなくＰＥＦＣ型ですが、開発済みの１００ｋＷの中型機は発電効率50％以上で、ＳＯＦＣと比べそれほどそん色ありません。運転温度が80℃程度と低温なため、需要に合わせて柔軟に起動・停止ができるので、利用者にとってはトータルでエネルギー効率が高くなります（218頁インタビュー参照）。

ここに述べた開発製品は、すでに販売開始したものもあり、実証中のものも２０１８〜２０１９年に次々に市場投入されます。現在は10億円程度に過ぎない業務・産業用燃料電池の市場は、２０１８年度以降急速に立ち上がってきます。

定置型燃料電池全体の市場規模は２０１６年度で６００億円程度（販売台数、価格等から筆者推計）ですが、その大部分は家庭用です。水素・燃料電池ロードマップの普及台数目標をベースに試算すると、２０２０年度の市場規模は、家庭用が３０００億〜３５００億円、業務・産業用が５００億〜１０００億円、合計３５００億〜４５００億円へと、大きく拡大すると見込まれます（筆者推計）。

部材・部品産業にビジネスチャンスが広がる

燃料電池の市場が拡大すれば、完成品メーカーだけでなく、当然部材メーカーも活況を呈してきます。トヨタやホンダは、ＦＣＶに搭載する燃料電池を自社で開発・製造してい

【図表3-4】PEFCセルの構造

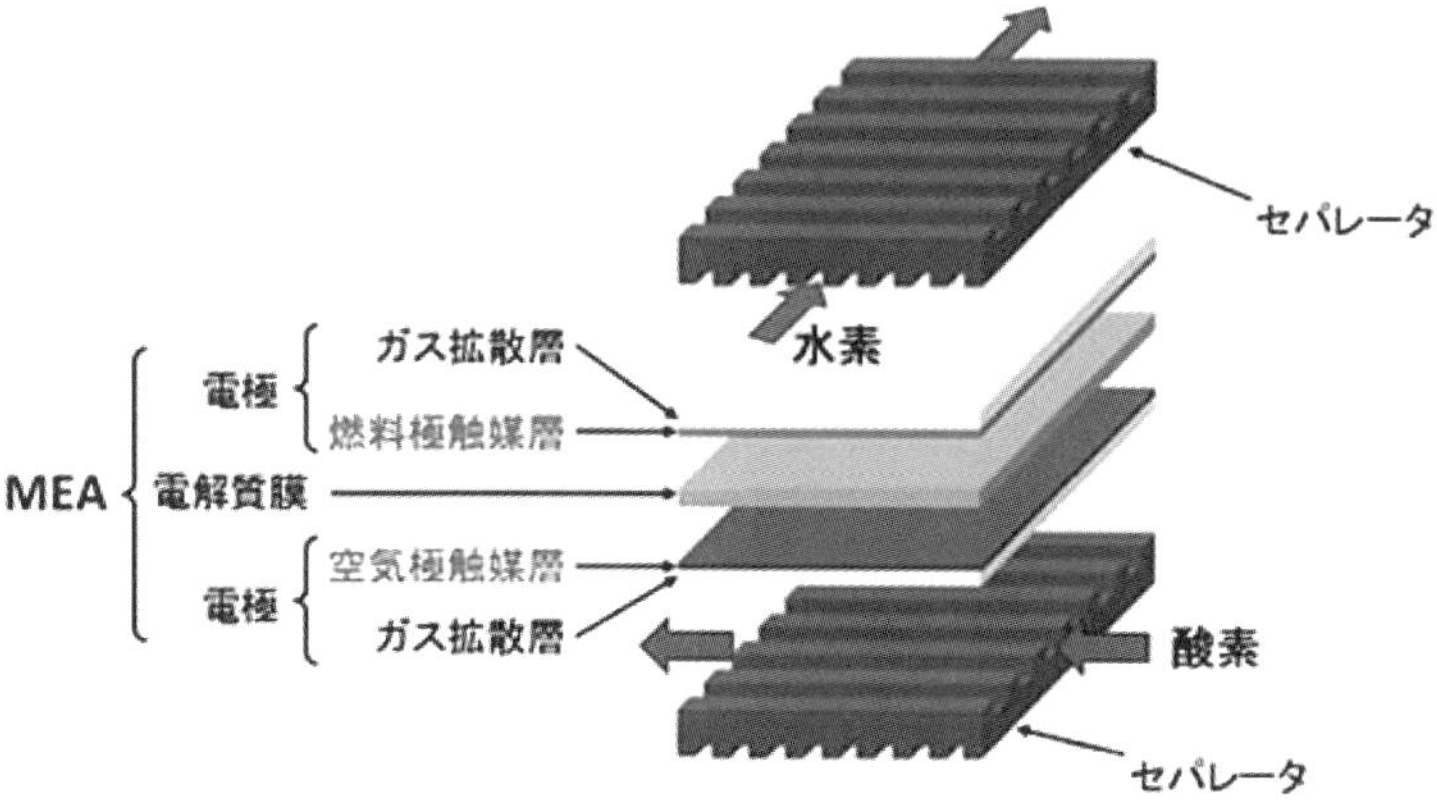

出典：東北大学流体科学研究所徳増研究室HP

ますが、部材・部品まですべて内製しているわけではありません。

部材・部品メーカーにとっては、エネファームや業務・産業用燃料電池のメーカーばかりでなく、自動車メーカーも有力な客先となります。今後ＦＣＶの普及が進めば、むしろこちらの方が大きな市場になってくるでしょう。

ＦＣＶ普及の最大のカギは、車両価格の低下です。そのカギを握っているのが、ＦＣＶ製造コストの3分の2を占めると言われている燃料電池です。燃料電池のコスト削減には、部材・部品メーカーの協力が欠かせません。部材・部品メーカーにとっても、自社の競争力強化に向けて、技術開発力とコスト削減が最大のテーマです。

ここでは、エネファームの大部分とＦＣ

Vの全量を占めるPEFCを中心に、主な部材・部品メーカーの最新の動向や今後のビジネスチャンスについて見ていきます。

PEFCのセルの構造を図表3-4に示します。このセルを積層して高電圧を得られるようにしたのがセルスタックです。

電解質膜、電極（触媒層とガス拡散層）、セパレータは燃料電池の中核部材です。供給形態としては、電解質を単体として供給する形態のほか、電解質膜の両面に触媒を塗布したCCM（Catalyst Coated Membrane）、さらに拡散層も積層したMEA（Membrane Electrode Assembly、膜電極複合体）の形で供給するケースも一般的です。MEAの形で出荷すると、電解質膜メーカーとしてはより付加価値が高まり、使う側にとっても工程が削減できるメリットがあります。

電解質膜

電解質膜は、燃料極と空気極の間で電子を通さずイオンのみを通す性質を持つ固体高分子膜で、発電の要となり、燃料電池の性能を左右する最も重要な部材です。シート状の薄膜形状で、材料はフッ素系と炭化水素系の2種類ありますが、フッ素系が一般的です。

電解質膜の世界市場では、これまで米デュポンが圧倒的シェアを誇っていました。商品名の「ナフィオン」は、フッ素系電解質膜の一般名詞として使われているほどです。この市場で近年、旭硝子と旭化成が急速にシェアを拡大しています。

旭硝子は、フッ素化学品分野で高い技術力と伝統があり、電解質膜の開発も早くから手掛け、国内トップの供給メーカーです。ＳＯＦＣ向けの電解質材料でも、クエン酸合成法により、低コストで反応性のよい製品を供給しています。

一方の旭化成は、旭硝子と並ぶフッ素系電解質膜の大手供給メーカーですが、炭化水素系電解質膜でも実績があります。電解質膜以外の、電極材料やセパレータでも高い技術力と実績を持っています。

ＪＳＲは、炭化水素系の電解質膜を製造しています。２００９年に四日市工場内に量産設備を建設し、燃料電池の本格的な需要拡大に備えた量産体制を確立しました。同社の電解質膜は、ホンダの「クラリティＦＣ」に搭載の燃料電池に採用されています。

ニッポン高度紙工業（高知市）は、主力製品の電解コンデンサ用セパレータ（絶縁紙）で、国内95％、世界60％の圧倒的なシェアを持つトップメーカーです。

同社は、フッ素系でも炭化水素系でもない、同社が独自に開発したｉＯ膜（無機／有機ナノハイブリッド膜）を使った電解質膜を開発中です。ｉＯ膜は、有機ポリマーの柔軟性を備えながら、無機酸化物の性質を反映して、燃料電池で要求される耐酸化性、ラジカル耐性に優れており、価格的にも従来のフッ素系、炭化水素系高分子膜に比べ、低価格が実現できるということです。

触媒層

触媒層とガス拡散層は一体となって電極を構成します。触媒層は、燃料極、空気極それぞれの化学反応を促進させる働きがあります。PEFCは、触媒として高価な白金（Pｔ）を使用するのですが、これが部材の中では最も大きいコストになります。機能を落とさずに白金の使用量を低減することが課題となっています。

田中貴金属工業は、長年培った貴金属の技術を活かし、1980年代から燃料電池用電極触媒の開発を進めてきました。同社の高性能・高活性な白金触媒は世界市場で高い評価を得て、世界トップシェアを獲得しています。国内では、エネファーム向けでシェア90％という圧倒的な強さを誇ります。FCV向けでも、ホンダ「クラリティFC」に搭載される燃料電池に採用されました。同社は、今後の需要増に備え、2013年に湘南工場内に燃料電池専用工場を新設し、平塚テクニカルセンターの研究開発部門も移転統合しました。ここで現在、高耐久化、高性能化、白金使用量削減に向けた開発が進んでいます。

貴金属の総合メーカー石福金属興業が製造する触媒層は、導電性カーボン担体に白金系ナノ粒子を担持したものです。FCVに使う白金の量を約10分の1に減らす量産技術を、2020年の実用化を目指して現在開発中です。

自動車排ガス触媒メーカーのキャタラーは、排ガス触媒と活性炭の技術を活かし、電極触媒をトヨタと共同で開発し、「MIRAI」に搭載される燃料電池に採用されました。

エヌ・イー ケムキャットは、住友金属鉱山と米エンゲルハードコーポレーション（現独BASF）の合弁会社で、化学触媒、自動車触媒の専門メーカーです。PEFC用電極触媒として、Pt／カーボン触媒を製品化していますが、新たにPtコアシェル／カーボン触媒を開発しています。コアシェル触媒の特徴は、非Ptからなる粒子をコアに、その周りをPt単原子層が薄皮まんじゅうのように取り囲む構造で、白金量の低減と触媒活性の向上が可能となります。同社では、コアシェル触媒を今後、車載燃料電池用としても売り込んでいく方針です。

白金を全く使わない触媒の開発も進められています。日清紡HDは2017年9月、世界で初めて白金を使用しない「カーボンアロイ触媒」を実用化することに成功したと発表しました。このカーボンアロイ触媒は、カナダバラード・パワー・システムズの30Wのポータブル型PEFCに採用され、携帯機器などの軽量アプリケーションの電源として使用されます。これに続き、より高出力が必要なフォークリフト用PEFCへの適用に向けて、バラード・パワー・システムズと共同で開発を進めることも発表しています。

カーボンアロイ触媒については、帝人も開発を進めており、同社の開発製品は非白金触媒として世界トップレベルの発電性能を発揮したと発表しています。今後、さらなる高性能化と耐久性向上を図り、2025年までの実用化を目指しています。

カーボンアロイ触媒は、工業生産が可能なカーボンを主原料にしています。希少金属で産出地に偏りのある白金に比べ、安定した供給体制でコストも大幅に削減でき、ＰＥＦＣおよびＰＥＦＣを搭載するＦＣＶの普及拡大に大きく貢献することが期待されます。

ガス拡散層

ガス触媒層は、触媒層とセパレータの間にあって、水素ガスや空気の電極（触媒層）への供給、電極での化学反応により生じた電子の集電、電解質膜で生成される水の排出等の役割を担う多機能部材です。ガス透過性、導電性、耐酸性や機械的強度などが求められます。一般に炭素繊維を樹脂などに含浸させたカーボンペーパーや、織物構造のカーボンクロスなどが使われています。

炭素繊維の大手メーカー3社（東レ、東邦テナックス（２０１８年4月、帝人に統合）三菱ケミカル）が主な供給者です。炭素繊維の世界市場は、この3社で1位～3位を独占していますが、ガス拡散層基材でも圧倒的な強みを発揮しています。

炭素繊維の世界トップメーカー東レは、ガス拡散層基材でも高いシェアを持っています。同社のカーボンペーパーは、ＭＩＲＡＩ、クラリティＦＣに相次いで採用されています。

同社は将来の需要増に対応するため、現在の滋賀事業場の約5倍の生産能力を持つ大型生産設備を愛媛工場内に建設中です（２０１８年5月完成予定）。

東邦テナックスは、帝人グループの炭素繊維事業子会社です。同社は、樹脂などを使わない織物構造を採用し、排水性能を大幅に高め、強度や柔軟性も備えたカーボンクロス基材を開発・製品化しています。また、高結晶性の黒鉛を微細繊維（ナノファイバー）化し、超薄型カーボンクロスの開発にも着手しています。

三菱ケミカルは、炭素繊維・複合材料技術をベースとして開発したカーボンペーパーを「パイロフィル®ＧＤＬ」の商品名で製品化しています。

不織布の大手メーカー日本バイリーンは、独フロイデンベルグ75％、東レ25％の合弁会社です。不織布構造の導電性多孔シートによるガス拡散層基材を開発していますが、その特長として、高い柔軟性を持ち薄膜化が可能、孔径および空隙率のコントロールが可能、ガスや液体などの流体の透過性に優れる、などが挙げられます。２０２０年代にＦＣＶ用に実用化を目指し、現在はサンプルワークを展開中です。

セパレータ

セパレータは、セルとセルの間を仕切る隔壁の機能のほかに、ガスが流れる流路を作り込んで、水素ガスや空気を電極に送り込む機能を担います。材料としては、薄くても強度があり、耐食性や導電性に優れた、カーボン系および金属系（主にステンレスやチタン）が使われています。

日清紡グループの化学品事業会社日清紡ケミカルは、独自の加工技術をもとに極薄で高強度のカーボンセパレータを開発し、エネファーム向けのセパレータでトップシェアを獲得しています。また、前掲の日清紡ＨＤのカーボンアロイ触媒とセットでＦＣＶのＰＥＦＣスタックに組み込むカーボンセパレータを開発中です。

昭和電工は、黒鉛微粉と樹脂の複合材料を使い、高導電性と薄肉化を実現した、カーボン樹脂モールドセパレータを製品化しました。薄肉シートを加工する技術、持続性に優れる低コスト親水化技術等が評価され、販売を伸ばしています。

東海カーボンは、セパレータおよび集電材用の材料として、樹脂を含浸させて不透過性を確保した黒鉛材を提供しています。黒鉛材の利点である高電気伝導性・高熱伝導性が維持されているため、セパレータ以外の各種燃料電池部材としても使われています。

カーボン系の最後は、２００２年起業のＦＪコンポジット（北海道千歳市）です。同社は、炭素系素材をベースに、異種材料の特徴を複合化した機能性複合材を提供しています。黒鉛と熱硬化性樹脂を配合した材料を使って、プレス加工と加熱を分離する独自の製造方法により、製造時間を大幅に短縮し、低コスト化を実現しました。また、ＰＥ、ＰＰ、ＰＰＳなどの熱可塑樹脂によるカーボンセパレータも、量産性もあり、将来有望と見て、開発に取り組んでいます。

金属系のセパレータ材料を作っているのは大手鉄鋼メーカーです。新日鐵住金は、ＰＥＦＣセパレータに求められる優れた耐食性と導電性を兼ね備えるべく、ステンレス鋼中に導電性金属析出物を微細分散させたステンレス鋼箔を開発しました。これにより、スタックの軽量化、コンパクト化、低コスト化が可能となりました。2015年には、ステンレス鋼に比べ、より軽い、強い、耐食性に優れているチタンに着目し、特殊圧延チタン箔の製造技術を開発しました。

神戸製鋼所は、カーボン系材料を表面コーティングした、PEFC用チタン製セパレータ素材を開発しました。同社報道発表文によれば、チタン箔にカーボン系材料を表面コーティングすることで、長期耐久性と高導電性の両立を実現、加えて、燃料電池自体の小型化や軽量化にも寄与するとのことです。

トヨタ紡織は、トヨタMIRAI搭載のPEFC向けに、チタン製セパレータを生産しています。精密プレス加工技術により水素の微細流路形状を実現し、発電効率向上に寄与しています。同社発表文によれば、この生産方法は、同社のコア技術である「高精度・高速プレス加工技術」を応用して、独自の精密型工機技術を駆使して、金型製作から生産まで一貫して行っているものです。

セパレータを製造している企業は比較的多く、特に金属系については金属加工技術を持った中堅企業が多く参入しています。その中から、技術力が高く成長が期待される企業3社を紹介します。

エノモト（山梨県上野原市）は、微細加工の精密プレス金型に強みを持つ、リードフレーム・コネクタ用部品の大手メーカーです。２０１５年に山梨大学と共同で、ガス拡散層一体型金属セパレータの開発に成功したと発表しました。発表文によれば、汎用ステンレス材にカーボンを主成分としたコーティングを施すことで高耐食性を実現し、さらにカーボンペーパーに代わる廉価なガス拡散層とガスケット機能を保有させ、部品点数の削減と薄膜化も実現したとのことです。今後実用化に向けた量産技術を確立し、ＦＣＶやエネファーム用部材への参入を目指しています。

アイテック（福井県鯖江市）は、眼鏡フレームの産地として有名な鯖江市で、メガネフレームをはじめ各種工業製品の表面処理加工を行っています。カーボンセパレータに比べ金属セパレータは、加工が容易（低コスト）、薄膜化が可能（コンパクト化）、壊れにくいなどの長所がありますが、高温・高湿（酸性）条件での耐食性に課題があります。同社は、長年培った金属表面処理技術を応用し、ステンレス製セパレータに表面処理を施すことで、カーボン製とほぼ同等な性能を得ることに成功しました。さらに、金属セパレータの放熱性を活かした、空冷方式のＰＥＦＣスタックの開発にも取り組んでいます。

サイベックコーポレーション（長野県塩尻市）は、超精密部品の金型開発とプレス加工で高い技術力を持ち、経済産業省の「グローバルニッチトップ企業１００選」に認定されています。同社は、難加工材として知られるチタン材料に対し、精密プレス加工技術でハイスペックの流路形成を施した金属セパレータを開発しました。今後、低コスト・高生産で提供できるよう、量産化に向けて準備を進めています。

SOFC部材

ここまでPEFCの部材について見てきましたが、SOFCの部材についても触れておきます。SOFCは、酸化物イオンのみを透過するイオン伝導性セラミックス（固体電解質）を多孔質の導電性セラミックス電極（空気極と燃料極）で挟み込んだ構造になっています。

SOFC電解質の材料メーカーとして圧倒的な存在感を示すのが、第一稀元素化学工業です。同社は、主力製品のジルコニウム化合物で5割を超える世界シェアを握っています。ジルコニウムはレアメタルの一種で、ジルコニウム化合物は、高屈折率、高耐熱性、イオン導電性、誘電性、強酸性など多くの特性を持ち、光学材料や電子材料として幅広く使われています。同社が開発した、イオン透過性の高いイットリア安定化ジルコニアの電解質材料は、世界の多くのSOFCメーカーから高い支持を得ています。また、電極材料に関しても、同社が開発した新基材LSM（ランタン・ストロンチウム・マンガネート）が、高いシェアを獲得しています。

もう1社挙げると、日本触媒が注目されます。同社は、独自に開発したセラミック粉体加工技術とセラミック焼成技術によりジルコニアシートおよびセルの量産化を実現してい

【図表3-5】SOFCのセル形状とスタック

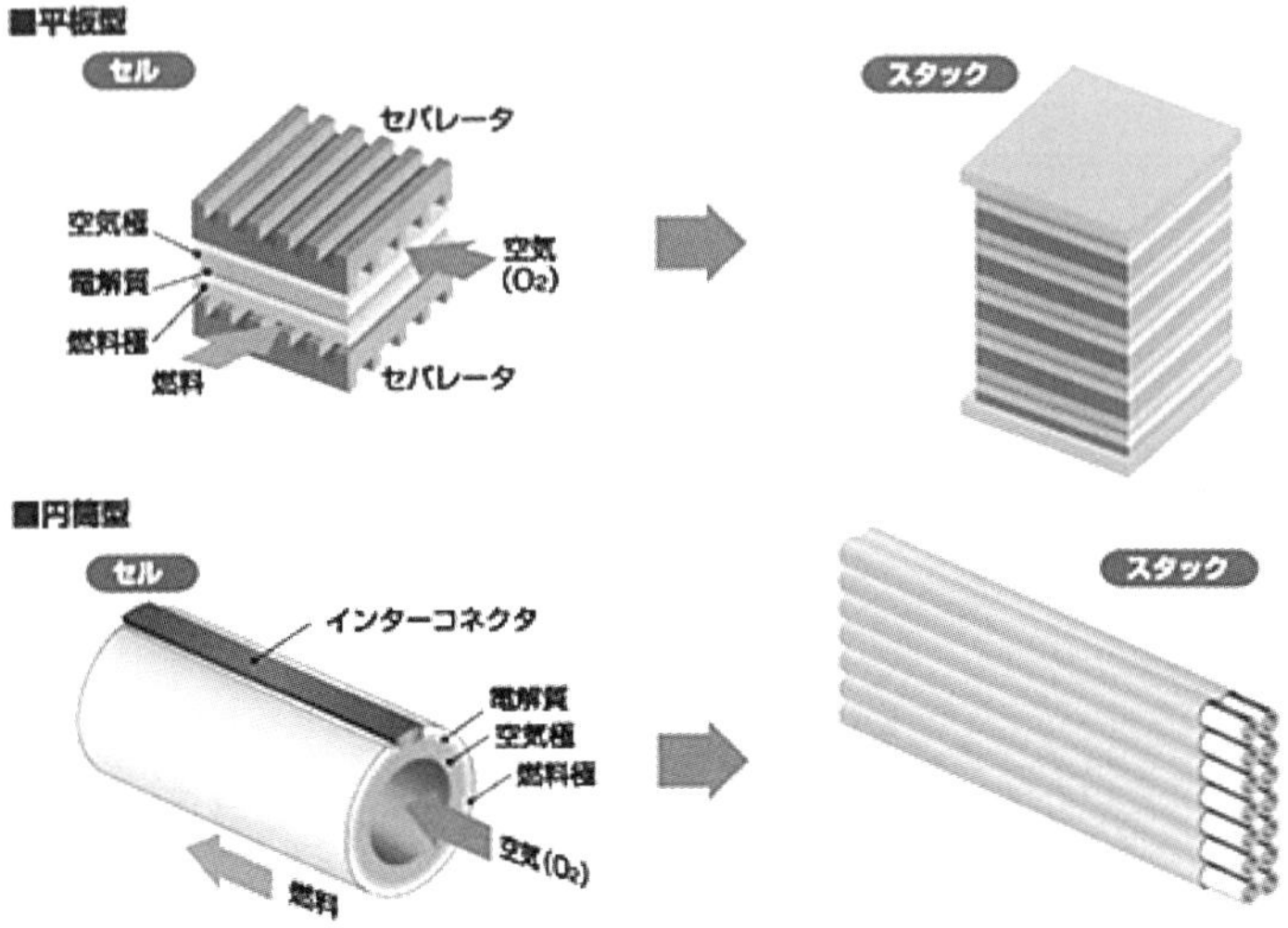

出典：大阪ガスHP

ます。幅広い製品群およびカスタムメイド製品を国内外のＳＯＦＣメーカーに供給しています。

住友金属鉱山は、ＳＯＦＣの電極用材料として、微細で高純度な酸化ニッケル粉を開発してきました。今後、ＳＯＦＣの本格的な普及に向け、酸化ニッケル粉の需要増加が見込まれることから、２０１８年度前半を目途に、愛媛県新居浜市内に量産化実証設備を導入する計画を発表しています。

ＳＯＦＣは高温で作動するので、電解質だけでなくセルやセルスタックの部材はすべてセラミックで構成されるのが通常です。ＰＥＦＣ同様、導電性、効率性、コンパクト化（肉薄化）などが求められますが、それに加え、急速な昇温・停止でもセラミックにひずみを生じさせない強度と耐久性が必要です。このため、ＳＯＦＣ部材の市場では、セラミックに強みを持つ企業が主役となっています。セルやセルスタックのメーカーは、電解質や電極の材料を（自ら作るケースもありますが）第一稀元素化学工業などから外部調達し、セルやセルスタックを作り込んで、完成品メーカーに供給します。

京セラは、ＳＯＦＣセルスタックのトップメーカーです。ＳＯＦＣ型エネファームはほとんどすべて京セラのセルスタックが使われています。前述の通り、同社は２０１７年７月より３ｋＷの業務用ＳＯＦＣの受注を開始し、完成品メーカーとなりました。その一方で、引き続き他の完成品メーカーにセルスタックの供給も続けており、ＳＯＦＣ部材メーカーとして最大手であることに変わりはありません。

日本ガイシは、ＳＯＦＣシステムの基幹発電部品であるＳＯＦＣモジュールの開発（円筒平板型）に取り組んでいます。開発中のモジュールは、すべてにセラミックを採用した独自設計により、高効率発電と高耐久性の両立を可能にしたと発表しています。

日本特殊陶業は、これまで家庭向けに平板型ＳＯＦＣセルスタックの開発を進めてきましたが、今後は業務・産業用のニーズが高まると見て、ターゲットをより出力規模の大きい業務・産業用分野に拡大しました。前述の通り、日立造船が開発する出力20ｋＷのＳＯＦＣ実証機に平板型セルスタックを提供しています。また、三菱日立パワーシステムズと提携して円筒型セルスタックの量産技術を開発し、２０１８年度中の生産ライン構築を目指しています。

ＴＯＴＯは、１９９０年代からＳＯＦＣの基礎研究に着手、衛生陶器の生産技術を応用した独自の湿式法により、低コストのセル製法を確立しました。その後、スタック・モジュールの研究開発にも取り組み、家庭用ＳＯＦＣシステム用のスタック・モジュールの商品化を進めています。

日本の部材メーカーの品質の高さには定評があります。液晶テレビや太陽光発電パネルのように、もはや中国や韓国に市場を席巻されてしまったものでも、中に使われている部品や素材は日本製という例はたくさんあります。燃料電池の市場でも、ここまで見てきたように、欧米の燃料電池メーカーが多くの部材を日本から調達しています。

今後世界で燃料電池の普及が進めば、価格競争になりがちな完成品より、品質スペックの厳しい基幹部材の輸出が大きく伸びる可能性が高いと思われます。

部材メーカーにとっては、国内以上に大きなビジネスチャンスが世界に広がっていることは間違いありません。

第4章 水素発電

1　燃料電池と水素発電

大規模発電に適した水素発電

燃料電池も発電システムですが、通常「水素発電」というと水素を直接燃焼させて発電する火力発電方式を指します。燃料電池は化学エネルギーを直接電力に変換するので発電効率が高いことは前に述べました。では、なぜ発電効率の劣る火力発電方式の水素発電を利用するのでしょうか？

実は水素発電には、燃料電池にはない利点があります。

一つは、燃料電池に比べ大容量化が容易なことです。燃料電池は実証機も含め、現在運転中のものでは最大でも出力規模数千ｋＷですが、ＬＮＧ火力や石炭火力では1基あたりの出力が数十万ｋＷ～１００万ｋＷという大規模発電設備が数多く稼働しています。火力発電は、規模の利益が働きます。規模が大きくなればなるほど、発電効率（エネルギー効率）は高く、ｋＷｈあたり発電原価は低くなります。

コンバインドサイクル発電（ガスタービンと蒸気タービンの複合発電）なら発電効率はさらに高くなります。最新のコンバインドサイクル発電の発電効率は55％程度で、燃料電池と較べても見劣りしません。水素発電は基本的に火力発電なので、化石燃料と同様に規模拡大やコンバインド方式が可能です。

一方燃料電池は、単セルをいくつも積み重ねて一つの燃料電池システムを作るので、規模の利益が働きません。積み重ねるセルの数を増やせば出力規模は拡大しますが、個々のセルの出力・発電効率は一定なので、発電効率は規模の大小にかかわらず同じです。コスト面では、規模を拡大するとシステム全体のコストはセルの数に比例して高くなってしまいます。

また、排熱を給湯・暖房等に利用するコジェネ（熱電併給）方式は、熱は遠くに運べないので大規模システムには利用しづらいのです。つまり、燃料電池は小規模発電では優位性が大きいですが、規模が拡大するにつれて発電効率の優位性は薄れ、コスト面のハンデが大きくなってきます。

二つ目は、天然ガス火力発電で、燃料の一部に水素を混ぜて燃やす混焼方式が可能なことです。既存の発電設備が使えるので新規設備が不要（燃焼機器の調整や一部改修は必要）です。水素を投入した分だけCO_2の排出量は減少します（ただし、水素を製造する段階で化石燃料を原料とすればCO_2が発生します）。さらに、将来的には燃料として水素のみを燃やす水素専焼発電も、既存の発電所の転用が可能です。

第三に、大規模な水素発電は水素を多量に消費するため、大規模なサプライチェーンが整備されることとなれば、水素コストが下がり、燃料電池自動車（ＦＣＶ）や業務・産業用燃料電池など他の水素利用分野への波及効果が期待されます。

火力発電の高効率化に燃料電池が一役

燃料電池は大規模電源としては不向きですが、大規模電源の代表格である火力発電の高効率化に重要な役割を担うことが期待されています。

火力発電の発電効率（エネルギー変換効率）は、燃焼方式や発電方式の技術進化に伴い、近年大幅に向上しています。蒸気タービンを使って発電する従来型の火力発電の発電効率は30％台です。最も効率の高い天然ガス火力でもせいぜい40％です。天然ガスの持つエネルギーの40％しか電気エネルギーに変換せず、残る60％は排熱として捨てられています。

今世紀に入って急速に技術進化しているのが、ガスタービンと蒸気タービンを組み合わせたガスタービン複合発電（ＧＴＣＣ：Gas Turbine Combined Cycle）です。最初に圧縮空気の中で燃料を燃やしてガスを発生させ、その圧力でガスタービンを回して発電します。次にタービンを回し終えた排ガスの余熱を使って水を沸騰させ、蒸気タービンによる発電を行います。

従来の火力発電に比べ同量の燃料でより多くの電力を作ることができ、その分CO_2排出量も削減できます。最新鋭のＧＴＣＣは55％の発電効率を実現しています。

さらなる高効率化を目指して、「トリプルコンバインドサイクル」の開発が進んでいます。

【図表4-1】トリプルコンバインドサイクル

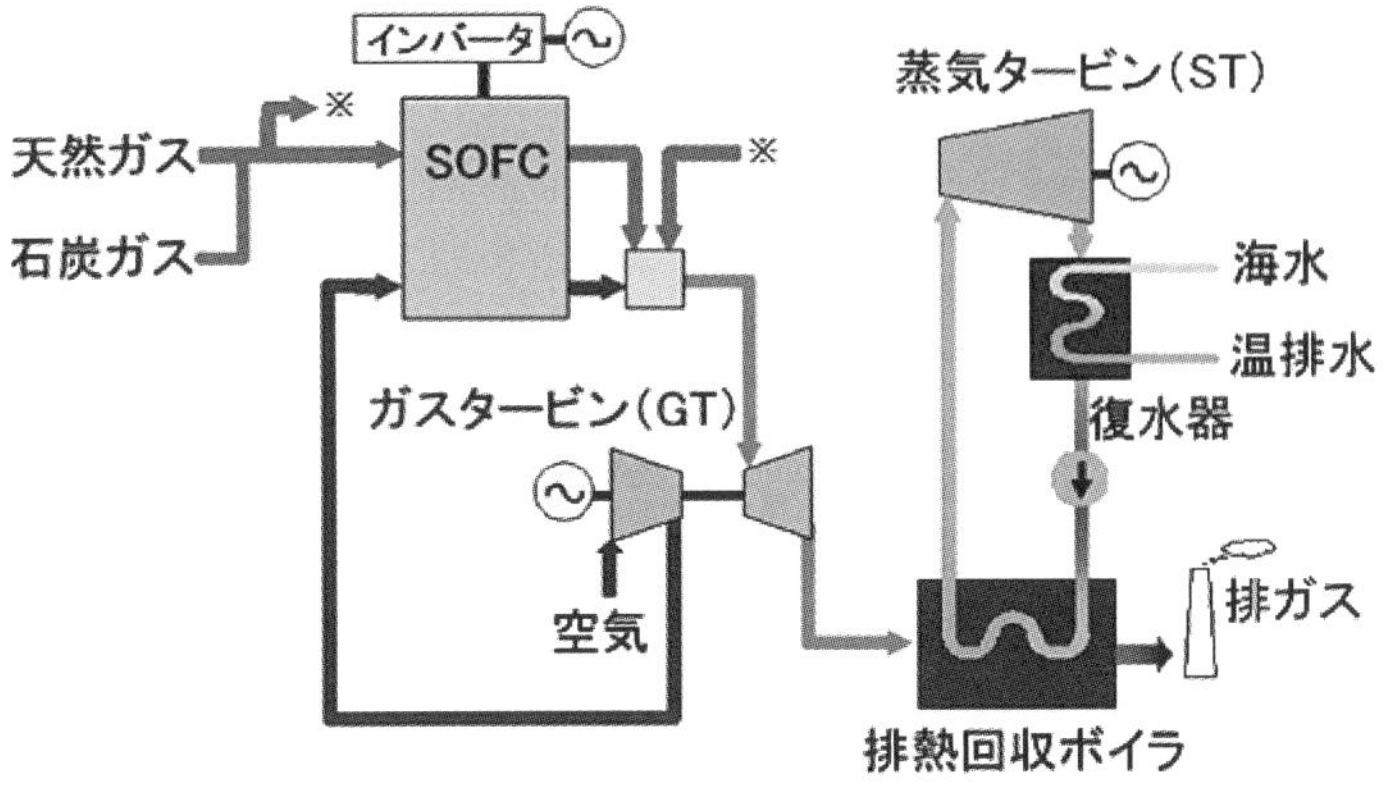

出典：『三菱重工技報』Vol.48 No.3（2011）

ここに重要なパーツとして燃料電池（SOFC）が登場します。新エネルギー・産業技術総合開発機構（NEDO）の委託を受けて、三菱日立パワーシステムズが燃料電池複合発電システム（FCCC：Fuel Cell Combined Cycle system）の研究開発を行っています。

これはGTCCの上流側にSOFCを設置することにより、SOFC、ガスタービン、蒸気タービンの3段階で電気を取り出すシステムです。数十万kW級では70％、数万kW級でも60％を超える世界最高水準の発電効率を発揮します。CO_2排出量もGTCCより2割減少、従来型からは4割も減少します。

第3章で述べた通り、三菱日立パワーシステムズはSOFCとマイクロガスタービン（ＭＧＴ）の組み合わせによる加圧型複合発電システム（ハイブリッドシステム）を開発し、２０１７年８月より販売開始しました。ここで蓄積した技術が、ＦＣＣ開発のベースとなっているのです。

政府の「次世代火力発電ロードマップ」には、燃料電池を組み込んだトリプルコンバインド発電を２０２５年までに実用化することが盛り込まれています。

2　化石燃料との混焼方式

水素混焼発電は製鉄所などですでに実用化

製鉄所や製油所、化学工場などでは製造過程で水素を多量に含んだ副生ガス（水素リッチガス）が発生しており、これを精製して水素ガスを得ることができます。この水素は、工程内での自家消費や産業用水素ガスとして外販されるほか、一部は自家発電の燃料に使われ化石燃料とともに混焼されています。代表的なものは、製鉄所の共同火力発電所です。多くの製鉄所に、電力会社と共同出資による共同火力発電所が建設されています。

例えば新日鐵住金の君津製鉄所には、東京電力フュエル＆パワーとの共同出資（出資比率は50：50）による君津共同火力発電所があります。同発電所は、蒸気タービン方式２基、ガスコンバインドサイクル方式２基の合計４基で、総出力１１５万kWの大規模発電所です。ここでは燃料の一部として水素を50～55％含んだコークス炉ガス（ＣＯＧ）を使い、燃料全体に占める水素割合が５～10％の水素混焼発電を行っています。

電力会社は、自前の発電所では水素混焼発電は行っていませんが、共同火力の発電した電力を出資比率に応じて買い取っています。したがって現在でも、私たちが使う電力の中にごく一部ではありますが、水素発電の電力が含まれているのです。

水素燃焼技術の開発が進む

水素は天然ガスに比べると、①発熱量が小さい、②燃焼速度が速い、③燃焼温度が高い等の燃焼特性を持っています。このため、①燃料流量を増やす必要がある、②逆火のリスクが高まり、燃焼器損傷の可能性がある、③局所的にホットスポット（高温部分）が生じNO_Xが発生する、といった課題があります。

ガスタービンの燃焼方式としては、燃料と空気を別々に噴射する「拡散方式」と、燃料と空気を予め混合して噴射する「予混合方式」の２種類があります。

拡散方式は多様な燃料種への対応が可能で水素混焼の実績も多数あります。前述の製鉄所や化学工場等の自家発電もこの方式です。ただ拡散方式はホットスポットが生じやすく、NO_Xの排出量が増大してしまうという問題があります。NO_X低減には水蒸気噴射が用いられますが、これにより全体の効率が低下してしまうという別の問題が出てきます。

一方、予混合方式は、水蒸気噴射することなくNO_Xの発生を低減できることから、高効率の発電が可能となりますが、火炎が不安定になりやすいため逆火のリスクが高く、現状では水素の混焼は5％程度が上限とされています。

課題解決に向けて、現在各メーカーで水蒸気噴射を行わずNO_Xを低減する手法（ドライ型）や、火炎を安定させて逆火の危険を防ぐバーナーの開発が行われています。

川崎重工は、天然ガスの投入孔とは別の箇所から水素と空気を投入する「追い焚き型」により、水蒸気噴射を行うことなくNO_Xを制御する燃焼器を開発しました。

三菱日立パワーシステムズは、燃料を急速混合することによって、水蒸気噴射を行うことなく低NO_X化を図るとともに、火炎をバーナーから離れた位置で安定させることで逆火を防ぐ燃焼システムを開発しています。

ただ、こうした技術開発によって水素混焼発電がすぐに普及するわけではありません。製鉄所や化学工場等の自家発電は、製造工程で発生した水素リッチガスを（水素ガスだけ分離精製することはせず）そのまま同じ構内にある自家発電設備に投入、いわば「有効利用」している恰好です。独立した発電所で水素混焼をするとなると、水素を外部から調達する必要があります。天然ガスとコンペティティブな価格で、かつ安定的に調達できなければ、水素を使う経済的メリットはありません。

とはいえ、既存の発電設備を使って水素混焼発電を行い、経験と実績を積み重ねることは、将来の本格的な水素発電導入に向けた重要なステップです。官民一体となって、水素燃焼技術の開発を進めるとともに、水素製造のコスト低減やサプライチェーンの構築を進めることが必要なのです。

3　発電事業用水素発電の本格導入

本格導入は2030年代

２０１５年7月に閣議決定された、２０３０年の電源ベストミックスは、CO_2を排出しない電源の割合を44％（再生可能エネルギー22～24％、原子力20～22％）としています。２０５０年に向けては、この割合をもっと大幅に引き上げる必要があります。

しかし、原子力の拡大にはクリアすべき種々の問題があり、また火力発電から排出するCO_2を回収し地中に貯留するＣＣＳ（Carbon dioxide Capture and Storage：二酸化炭素回収・貯留）も日本では適当な貯留場所に制約があります。

そこで、火力発電の比率を一気に下げるのは難しいとしても、燃料を化石燃料から水素に徐々に切り替えていくことが有力な選択肢となります。国のロードマップでは、水素発電の導入時期として、自家発電用を2020年頃から、発電事業用は2030年頃から本格導入を開始するとしています。

技術的には、混焼方式はすでに実用の域に達しており、今後は燃焼の高効率化と、現在は5~10%にとどまっている水素混焼比率の引き上げが主なテーマとなります。

並行して専焼方式の技術開発・実証運転を進め、実際に水素専焼発電が実用化されるのは2030年代に入ってからとなるでしょう。

カギを握る水素サプライチェーンと水素価格

技術的な課題はクリアしたとしても、水素発電にはまだ大きな課題が残っています。

一つは、水素の安定的供給体制の確立です。水素発電は水素の使用量がけた違いに大きく、100万kWの水素専焼発電では年間23・7億N㎥(N㎥=圧力・温度・湿度に左右されないガスの実量を表す単位)使います。これはFCV223万台分、700Wの家庭用燃料電池なら105万台分に相当します(出典:資源エネルギー庁燃料電池推進室)。

現在、国内の水素利用量は年間約150億N㎥です。その大半はアンモニア肥料製造、半導体加工、石油化学プラントの脱硫用など産業用途です。それも石油化学工場の自家消費が多く、外販水素の市場は限られています。

水素発電の導入により、恒常的かつ大規模な水素需要が生じ、大規模なサプライチェー

【図表4-2】水素需要量予測

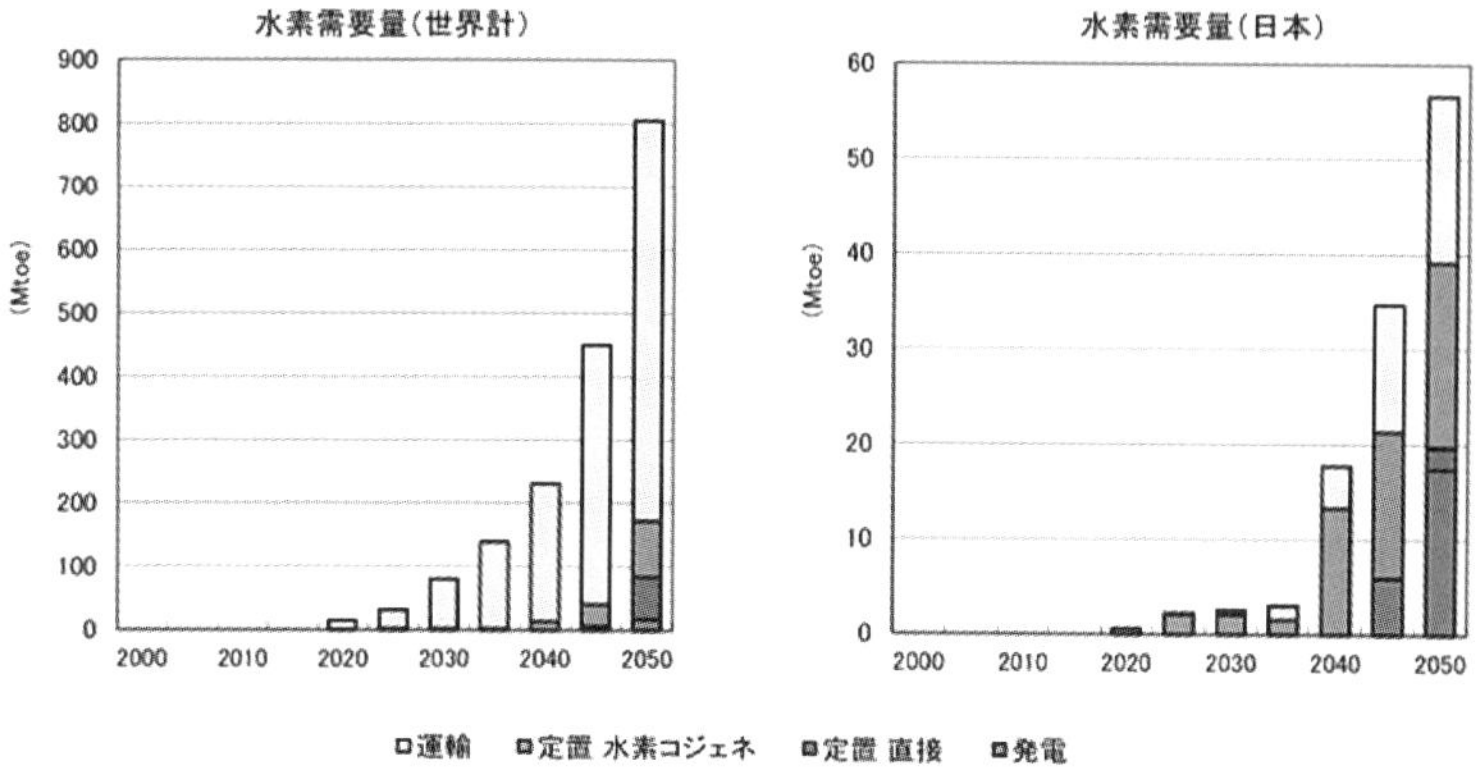

出典：資源エネルギー庁燃料電池推進室（エネルギー総合研究所資料から引用）

（図表 4-2）水素需要量予測の説明

世界・日本ともに2040年頃から急速に増加。

中身は大いに異なる。世界の水素利用は輸送部門中心だが、日本では発電用の需要が急増。

電力部門のCO_2削減は、欧州は再エネ中心。米国、中国、インドは再エネのほか、CCSと原発を活用。

日本はCCS、原子力に一定の制約がある中、水素発電に活路。

ンが整備されることになれば、原料水素コストが下がり、燃料電池自動車など他の水素利活用分野への波及効果が期待されます。

しかし水素発電が本格化すれば、急増する水素需要量を国内生産のみでは到底賄《まかな》いきれません。その段階では、大量の水素を海外から輸入することが必要になってきます。

もう一つの大きな課題は経済性です。調達できる水素の価格が化石燃料とコンペティティブでなければ、発電コストが割高となってしまいます。前述の製鉄所や化学工場での水素混焼発電は、自家工程で発生する水素ガスを利用しているので、コストの問題は生じていません。しかし水素を工業生産した場合、現在の技術ではどんな製造方法でも、水素のコストは同熱量の天然ガスの２～５倍かかってしまいます（詳しくは第５章参照）。

国のロードマップでは、２０２０年代後半に水素のプラント引渡し価格を30円／Ｎ㎥とすることを目標に掲げています。これは発電コスト17円／ｋＷｈに相当し、現在のＬＮＧ火力の１・５倍、再生可能エネルギーの平均値とほぼ同等です。これで十分というわけではありませんが、まずは30円／Ｎ㎥を目標に、将来的にはＬＮＧ火力並みの発電コストとなる20円／Ｎ㎥を目指し、さらなるコスト低減に取り組んでいく必要があります。

こうした課題を克服する有力な手段として、海外で低コストの水素を大量に製造あるいは購入し、これを安定的に輸入するサプライチェーンの構築が検討されています。海外からのCO_2フリー水素のサプライチェーン構築については、第７章で詳しく述べます。

4　水素発電に挑戦する企業

水素発電関連のビジネスとしては、発電事業と発電設備関連、水素製造および水素サプライチェーン関連ビジネスがあります。後者については第5章で採り上げます。ここでは発電設備関連の中で、特に水素ガスタービンの開発に挑戦する企業にスポットを当てます。

高効率燃焼技術世界一の三菱日立パワーシステムズの挑戦

発電用ガスタービンの世界市場で、三菱日立パワーシステムズは米ＧＥ、独シーメンスと並び、トップ3の一角を占めています。同社の最新鋭機種「J形ガスタービン」は世界最高の熱効率を誇り、その技術力は高く評価されています。

三菱日立パワーシステムズは、この章の第1節で紹介した燃料電池複合発電システムの研究開発を進めているほか、石炭ガス化複合発電（ＩＧＣＣ：Integrated coal Gasification Combined Cycle）の開発でも実績があります。石炭火力は化石燃料の中でもCO_2排出量が最も多いことが問題ですが、ＩＧＣＣはCO_2排出量を大幅に削減する高効率発電です。

石炭を直接燃やして蒸気タービンで発電する従来方式とは異なり、ガス化してガスタービンを使って発電し、さらに排熱を利用して蒸気タービンでも発電するコンバインドサイクル方式です。石炭をガス化すると最終的に一酸化炭素と水素の混合気体となります。したがってＩＧＣＣは、一種の水素混焼発電とも言えます。

　三菱日立パワーシステムズ（当時は三菱重工）はＮＥＤＯの委託を受け、常磐共同火力勿来《なこそ》発電所に25万ｋＷの実証プラントを建設しました。このプラントは成功裡に実証を終え、２０１３年から商用運転に切り替わりました。さらに、東京電力ＨＤ、常磐共同火力と共同で、福島県内に世界最新鋭のＩＧＣＣを建設する「福島復興プロジェクト」を推進中です。このプロジェクトでは、より大型で高効率な50万ｋＷ級ＩＧＣＣを2基、東京電力広野火力発電所と常磐共同火力勿来発電所内に建設する計画で、２０２０年代初めの運転開始を目指しています。

　本格的な水素混焼発電について、同社は２０１８年1月、発電事業用大型ガスタービンの開発において30％（体積比）の水素混焼試験に成功したと発表しました。発表文によれば、同社高砂工場にある実圧燃焼試験設備で、63％以上の発電効率を誇る天然ガス焚きＪ形ガスタービンの予混合燃焼器により、70万ｋＷの出力に相当するタービン入口温度１６００℃の条件で実施。水素混合割合30％で安定燃焼ができることを確認したもので、水素30％混焼により従来の天然ガス火力発電と比べて発電時のCO_2排出量を10％低減することが可能とのことです。

同社は、水素専焼ガスタービンについても研究開発を進めており、２０２０年頃から設計段階、２０２５年頃から実証運転に入り、２０３０年までに実証完了を目指すとしています。

水素発電設備量産に向け先陣を切る川崎重工

三菱日立パワーシステムズが発電事業用の大型ガスタービンの開発を進めるのに対し、川崎重工は中小型機クラスの開発で先陣を切っています。

水素混焼では、独自開発の「追い焚き型焼成器」（140頁参照）を搭載した１７００ｋＷ級ガスタービンの実証運転を、同社明石工場で２０１５年から開始しました。

また、同社は、大林組と共同で、神戸市ポートアイランド地区に水素発電所を建設し、世界で初めて、市街地で水素による熱と電気を近隣の公共施設に供給するシステムの実証試験を２０１８年2月より開始しました。実証機は、水素を燃料とする１ＭＷ（１０００ｋＷ）級ガスタービン発電設備（水素コジェネシステム）で、水素だけを燃料とすること（専焼）も、水素と天然ガスを任意の割合で混ぜ合わせたものを燃料とすること（混焼）も可能です。実証試験を通じて、燃焼安定性や運用性を確認します。

これとは別に、岩谷産業、三井物産などと共同で、２０２０年の東京オリンピック・パラリンピックの開催に合わせ、水素発電所（出力１７００ｋＷ）を都内に設置することを検討中と伝えられています。競技会場の電灯や空調などのために電気を送る方針で、世界に先駆けて開発が進む日本の水素エネルギー技術をアピールする狙いがあります。

ジェットエンジン技術応用で水素混焼ガスタービンを開発したIHI

IHIは1945年に日本で最初のジェットエンジンを完成させて以来、今日まで約5000台のジェットエンジン生産数を誇る、わが国におけるジェットエンジンのトップ企業です。

培ってきたジェットエンジンやターボチャージャーなどの技術を応用して、水素混焼発電システムを開発、商品化しています。主な製品は、水素を約10％含む都市ガスを燃料とした小型ガスタービン「IM270」、水素を50％含む天然ガスを燃料とした中型ガスタービン「IM5000」です。IM270は、出力2000kWのコジェネタイプで、発電効率は25％、熱利用も含めた総合効率は80％です。

IHIはまた、直径約8㎝×長さ12㎝と手のひらサイズで最大400Wの発電能力を持つ、超小型ガスタービンを開発しました。プロトタイプ試作品はプロパンガスを燃料としていますが、多様な燃料への適用性があり、水素混焼も可能と思われます。

第5章
水素の製造

1　水素の製造方法と特色

水素の製造方法は多様

水素は地球上に豊富に存在しますが、単体の水素分子として大気中に安定的に存在することは困難です（大気中の酸素分子と結びついてすぐに水になってしまう）。地球上の水素はほとんどが水の状態で存在し、一部は地殻を構成する岩石中に、また石油や天然ガスなどの有機化合物として存在しています。

そこで、水素をエネルギーとして利用するためには、何らかの方法でまとまった量を作り出す必要があります。水素を工業的に製造する方法は数多く開発されています。主な製造方法を図表5－1に示します。

水素は多様なエネルギーや資源から作ることができます。表の①②は化石燃料から、③④⑥⑦は水から、⑤はバイオマスから作られます。①～③はすでに実用化された製造方法です。④⑤は技術的には確立されていますが、コスト等の問題で現状は実証段階にあります。⑥⑦は未だ研究開発段階の技術です。

以下①～⑤の製造方法について簡単に説明します。

①**副生水素**：製鉄所や化学工場の製造過程で副産物として発生する水素。製鉄所では、コー

【図表5-1】主な水素製造方法

		製造方法	供給安定性	環境性（CO_2排出）	経済性
すでに実用化	①副生水素	製鉄所、化学工場等からの副産物	本来の目的製品の生産量に左右される	△	副次的に生産されるものを活用するため経済的
	②化石燃料改質	化石燃料を触媒等を用いて改質	安定的かつ大規模に生産が可能	×	技術的に確立しており、比較的安価に製造可能
	③水の電気分解（火力発電）	火力発電による電気で水を電気分解	安定的かつ大規模に生産が可能	×	改質に比べると高コストだが比較的安価
実証段階	④水の電気分解（再エネ発電）	再エネ発電による電気で水を電気分解	再エネ発電の出力変動に応じて生産量も変動	○	再エネ電力を使用するため一般的に高い
	⑤バイオマス	バイオマスの熱分解、水素発生バクテリアの利用、等	供給地が分散→大規模生産には不向き	○	地域やバイオマスの種類によるが、一般的に高い
研究開発段階	⑥水の熱分解	高温で水を分解（ヨウ素と硫黄を加えより低温で）	安定的な供給が可能	×～○（熱源によって異なる）	現段階ではコストは高い
	⑦光触媒	半導体光触媒を利用し、光によって水を直接分解	気象条件に左右される	○	現段階ではコストは極めて高い

出典：資源エネルギー庁資料、新エネルギー・産業技術総合開発機構（NEDO）資料等を参考に筆者作成

クス炉で石炭を蒸し焼きにする過程で大量の水素リッチガスが発生します。これは自工程内の熱源や、先述の自家発電の燃料として燃やされています。水素ガスとして外販するには、精製して純度を高める必要があります。

化学工場では、より純度の高い水素が副生されます。たとえば、苛性ソーダ製造の食塩電解工程からは極めて高純度の水素が発生します。これらは主に産業用途に使われ、自社工場内で消費されるほか一部外販されています。副生水素は、副次的に生産されるものを活用するため経済的です。

化石燃料が原料なのでCO_2を排出しますが、本来の目的製品の生産過程によるものなので、水素製造による追加的CO_2排出はありません。ただし生産量は本来の目的製品の生産量に左右され、供給の安定性には欠けます。

②化石燃料改質…天然ガス、LPG、ナフサなどの化石燃料を改質して水素を製造します。化石燃料を原料とするためCO_2を排出します。改質には、水蒸気改質、部分酸化、石炭ガス化などの方法があります。水蒸気改質は化石燃料に水蒸気を反応させて水素を製造するもので、最も一般的な工業的製造技術です。

メタンガス（CH_4）を用いた水蒸気改質の反応式を左に示します。

(1) $CH_4 + H_2O \rightarrow CO + 3H_2$…改質反応

(2) $CO + H_2O \rightarrow CO_2 + H_2$…シフト反応

⑶$CH_4+2H_2O \rightarrow CO_2+4H_2$…反応全体（⑴＋⑵）

改質反応は吸熱反応（８００℃程度の温度が必要）なので、外部から加熱する必要があります。（通常は原料の一部をバーナーで燃焼）

③水の電気分解（火力発電）　④水の電気分解（再エネ電力）

水に電圧をかけることで酸化還元反応が起き、陰極（−）で水素が、陽極（＋）で酸素が発生します。純粋な水は電流を通しにくいため、水酸化ナトリウム（苛性ソーダ）などを加えた電解液を使います。

水の電気分解ではCO_2は発生しませんが（化学式：$2H_2O \rightarrow 2H_2+O_2$）、電気を何によって作るかによっては発生することもあります。火力発電なら発電過程で化石燃料を燃やすのでCO_2を排出します。再エネ電力を使えばCO_2は排出しません。

⑤バイオマス…バイオマスから水素を製造する方法はいくつもありますが、バイオマスをガス化し、生成した可燃ガスを改質する手法が最も多く用いられています。ガス化の技術は、熱による分解反応、生物化学反応（メタン発酵など微生物活用）などがあります。

主に木質系バイオマスは熱分解、食品廃棄物・下水汚泥等の廃棄物系バイオマスはメタン発酵が使われます。

大部分の水素は化石燃料改質で作られている

製造方法ごとの経済性評価は前提条件の置き方で異なってきますが、大雑把に言うと、図表5-1で上から下に（①から⑦に）行くに従って製造コストは高くなります。

資源エネルギー庁燃料電池推進室が各種資料を基に推計した水素製造コスト（N㎥当たり）は、①副生水素が20～32円、②化石燃料改質が31～58円、水電解は③系統電力利用が84円、④再生可能エネルギー（風力および太陽光）が76～136円というものです（出典：経済産業省 水素・燃料電池戦略協議会ワーキンググループ（第5回）配布資料「水素の製造、輸送・貯蔵について」2014年4月14日）。

第4章で述べた通り、水素価格の当面（2020年代後半まで）の目標価格は30円／N㎥です。これは、水素発電に使うと発電コスト17円／kWh、LNG火力発電の1・5倍に相当します。上記資源エネルギー庁の推計値では、現状で目標価格をクリアしているのは①副生水素のみです。

製造コストは①の副生水素が最も低いですが、供給の安定性という面では制約を受けます。副産物ですから、本来の目的製品の生産量に左右されることは当然のことですし、副生した水素も自家消費が優先され、余った分だけが外販に回されます。

例えば製油所では、石油精製の過程で副生水素が発生するものの、すべて脱硫等の自家消費で、それでも水素が不足するためわざわざナフサ等から製造し追加投入しています。

石油業界が生産する水素の量は年間１４０億Ｎ㎥（日本全体の約半分）ですが、ほぼ全量脱硫装置で使い切っています。

製鉄所では、コークス炉から副生ガスが大量に生成しますが、外販するにはコストをかけて水素の純度を上げなければなりません。それよりは、工程内の熱源として、あるいは自家発電の燃料としてそのまま使用した方が経済的です。

その点、②の化石燃料改質（水蒸気改質法）は、工業的な大量生産技術が確立しており、水素を大量かつ安定的に製造することが可能です。肥料などの原料となるアンモニア合成に使われる水素の製造も、古くから水蒸気改質法が用いられてきました。

現在国内の大部分の水素はこの方法で作られています。家庭用燃料電池（エネファーム）は、都市ガス（主成分は天然ガス）やＬＰガスをエネファーム機器内で水蒸気改質して水素を取り出しています。オンサイト型の水素ステーションも大部分はこの方式です。

③④の水の電気分解も、大量かつ安定的に製造することが可能ですが、電力を多量に使うため製造コストが高くなってしまいます。電力料金の安い北欧などでは、工業分野で大規模水素製造の実績もありますが、日本での利用は限定的です。

⑤のバイオマスは、現時点では製造コストが高いことに加え、供給地が分散しており、大規模生産には向いていません。

2 CO_2フリー水素への挑戦

主役は再エネ電力による水の電気分解

水素エネルギーは、利用段階では、水しか排出しないクリーンエネルギーです。しかし、製造段階で、原料や燃料として化石燃料を使用する限りCO_2が発生します。トータルでCO_2フリーとするためには、CO_2を排出しない製造方法をとる必要があります。

現時点で技術的に大量生産可能なのは、原子力発電か再生可能エネルギー発電の電力を使った水の電気分解です。原発再稼働に制約のある現状では、再エネ電力による水電解が唯一の手段と言ってよいでしょう。

水電解による水素製造はコスト高が難点です。系統電力を使った場合でも、化石燃料改質に比べかなりコストは高くなります。再エネ電力を使った場合には、火力発電より発電コストが高い分、さらに割高となってしまいます。現在は、一部のオンサイト型水素ステーションや、自治体主導の水素社会実証事業などで、CO_2フリー水素をアピールする目的で限定的に利用されているのみです。

CO_2フリー水素の製造コストをいかに下げるか？

まず第一は、再エネ発電コストを下げることです。日本では再エネ発電は、通常の火力発電に比べてかなり割高ですが、海外に目を転ずると、再エネは「安い」というのが今や世界の常識となっています。日本でも太陽光の発電コストは急速に下がっています。再エネ電力発電買い取り価格は、制度がスタートした２０１２年度には１ｋＷｈ当たり40円であったものが、２０１８年度は半分以下の18円になっています。それでも石炭火力の12・3円、ＬＮＧ火力の13・７円（注）よりかなり割高です。

気象条件の異なる日本の発電コストを海外と同列で論ずるのは適当でないかもしれませんが、気象条件以外にも機器代金や工事費等の設備導入費用が割高なことや、がんじがらめの規制・規準など、海外に比べコストアップ要因は少なくありません。政府・民間企業が協働して、少なくとも火力発電並みには引き下げることが必要でしょう。

第二に、水電解効率を高めることです。水電解による水素製造コストの大部分は電気代なので、電解効率が向上すればその分電力消費量が減少し、コストは低減します。

現在大規模プラントで利用されているのは「アルカリ水電解」です。電解質にアルカリ水溶液（通常は水酸化カリウム25〜30％の水溶液）を使い、電解効率は70〜80％程度です。より効率の高い電解方式の開発が進んでいます。固体高分子形燃料電池（ＰＥＦＣ）の技術を応用した「固体高分子形水電解」（ＰＥＭ）は、イオン交換膜（固体高分子電解質膜）の両面に触媒電極を接合し、純水を電解するもので、電解効率は90％程度あります。すでに一部実用化されていますが、触媒電極に白金系材料を使うので、コスト高が課題です。

さらに高効率なのが、固体酸化物形燃料電池（ＳＯＦＣ）の技術を応用した「高温水蒸気電解（ＳＯＥＣ）」です。８００〜１０００℃の高温で、水蒸気をセラミックス系固体電解質を用いて電解します。貴金属触媒を使わないので、大型化してもコストは嵩みません。まだ研究開発段階ですが、電解効率は最大95％程度と、アルカリ水電解と比べ２〜３割高く、次世代の電解装置として期待されています。ただ、電解効率が上がったとしても、水の電気分解で水素を得て、その水素で発電するのでは、エネルギー収支はマイナスです。そこで、経済価値の低い再エネ発電の余剰電力を活用することが考えられます。

太陽光発電や風力発電は天候に左右され、安定した発電が得られません。このため、電力会社が買い取りを行う際、系統の需給バランスが保てない等一定の条件下で系統接続をストップする出力制御ルールがあります。この場合、発電側が蓄電池を併設していればよいのですが、そうでなければ発電した電力が無駄になってしまいます。

そこで、これを使って水電解すれば、電力コストゼロで水素製造が可能になります。出力制御時だけでなく、通常時でも出力変動から生ずる余剰電力を活用すれば、発電側・水素製造側の双方にメリットがあります。

CO_2フリー水素の供給を拡大するためには、こうした対策でコストを下げるとともに、CO_2排出ゼロの価値を評価する何らかのシステム（たとえば炭素税や排出権取引等）を導入して、両面から経済性を高めてやることが必要と思われます。

（注）石炭およびＬＮＧ火力発電コストは、経済産業省「発電コスト検証ワーキンググループ（第７回）資料」（２０１５年５月11日）より引用。

CO_2フリー水素製造の技術開発が進む

CO_2フリー水素は、再エネ電力による水電解以外にも、いろいろな方法で製造が可能です。これまで十分に利用されていなかった未利用エネルギーから、高効率で安定的にCO_2フリー水素を製造することができれば、低炭素社会に向けて大きな前進となります。

ここでは、大学や国の研究機関を中心に、現在研究開発が進められている先進的な技術をいくつか紹介します。

（1）太陽熱による水の熱分解

水は２０００℃以上の高温で水素と酸素に分解します。そのような高温で作動する製造システムを作ることは難しいですが、ＩＳプロセス**（注1）**を用いれば８５０～１０００℃で熱分解が可能となります。この熱源に太陽熱を利用することで、CO_2フリー水素を製造する技術研究が進んでいます。

太陽熱を使って発電する技術はすでに実用化されており、中東や南スペイン、米カリフォルニア州等で大規模な太陽熱発電所が建設されています。太陽熱発電は４００～６００℃

の熱で蒸気を作って発電しますが、水素製造には1000℃の高温が必要なので、大型かつ高効率の太陽光集光システム（注2）を作る必要があります。

太陽熱による水素製造を大規模に行うには、強い日射が常時降り注ぐ気象環境と、集光のための反射板を多数設置する広い土地が必要です。残念ながら、日本はそのような環境に恵まれていません。将来的には、海外のサンベルト地域に日本の技術で大規模プラントを建設し、製造したCO_2フリー水素を日本に輸入することが考えられます。

（注1）ISプロセス…水にヨウ素と二酸化硫黄を反応させてヨウ化水素と硫酸を合成し、ヨウ化水素の熱分解で水素を、硫酸の熱分解で酸素を製造する。硫酸の熱分解温度は約900℃、ヨウ化水素は約400℃なので、プロセス全体としては900℃を超える温度を保てばよい。ヨウ素と硫黄はプロセス内で循環する（ISはヨウ素と硫黄の元素記号）。

（注2）太陽光集光システム…太陽光をレンズ、反射鏡などで一点に集め、高熱を得るシステム。タワー形集光システムは、中央のタワーの周りに多数の反射板（ヘリオスタット）を並べ、タワー頭頂部に設置した集熱器めがけて集光する。ちなみに世界最大の集光システムは、カリフォルニア州とネバダ州の境にあるイヴァンパ太陽熱発電所で、タワーの高さが137m、反射板30万枚という巨大なもの。

(2) 下水処理場が水素製造拠点に

バイオマスから水素を作る方法はいくつもありますが、原料となるバイオマスの安定供給や生産効率に課題があり、いずれの方法も実用化に至っていません。

そうした中で、都市型バイオマス集積所である下水処理場で発生するバイオガスを原料とした水素製造が注目されています。下水処理残渣である「下水汚泥」を発酵させてバイオガスを作る技術は実用化されており、発電、都市ガス原料、天然ガス自動車などに利用されています。

国土交通省によると、全国の下水処理場約2200ヶ所のうち、汚泥発酵設備を持つ処理場は約300ヶ所あります。1年間に生じるバイオガスの約3割にあたる8900万㎥が活用されず空気中に放出されています。この未利用ガスを水素に改質すると、年間1・3億㎥（FCVへの充填回数270万台分）の水素を製造できます。

下水汚泥から水素を製造して利活用する取り組みも始まっています。三菱化工機・福岡市・九州大学・豊田通商の4者共同研究体が福岡市中部水処理センターを舞台に、国土交通省の下水道革新的技術実証事業（B-DASHプロジェクト）として2014年度から実証を開始。1日3300㎥（FCV65台分）の水素を製造し、2015年には処理場敷地に水素ステーションを開設しました。

こうした取り組みは、埼玉県や栃木県などでも始まっています。埼玉県は、県内の4ヶ

【図表5-2】下水汚泥からの水素製造のイメージ

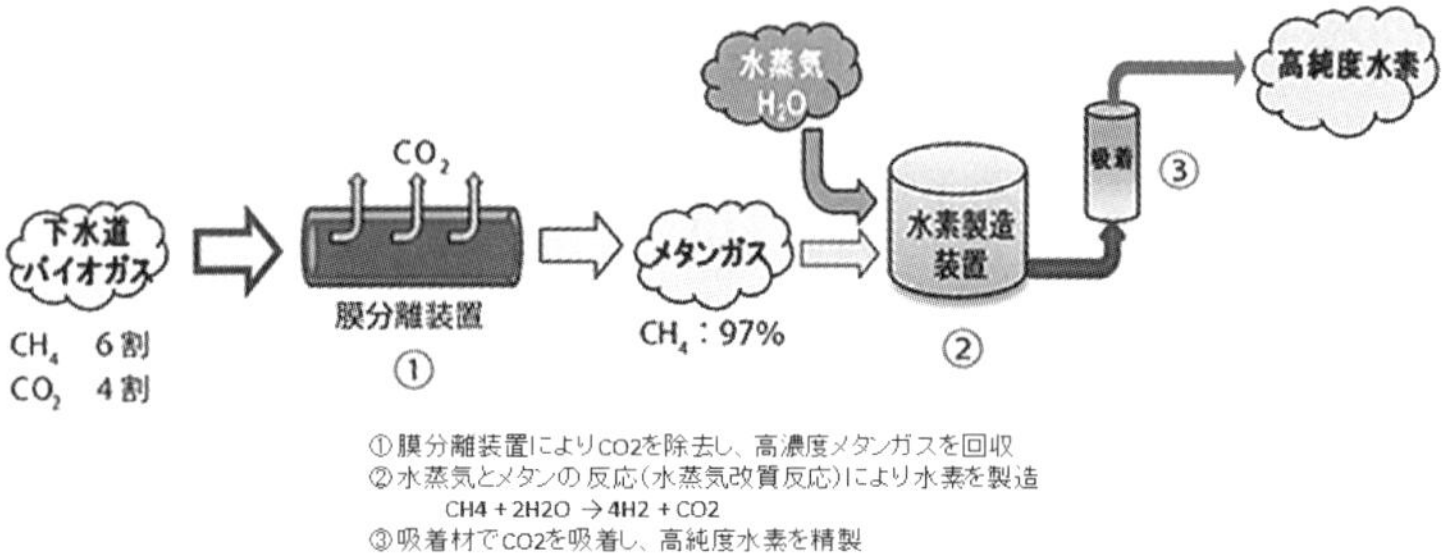

出典：国土交通省「下水道における水素社会への取組について」

所の下水処理場で、汚泥由来のバイオ水素製造を２０２０年から開始する予定です。上田清司知事は「今回の埼玉県の取り組みを全国に発信することで、下水処理場にも水素ステーションを設置できるということをアピールできるのではないか」と述べています。

栃木県では、県内３ヶ所の下水処理場で、バイオガスから取り出した水素を使って燃料電池で発電しています。発電した電力は再生可能エネルギー電力固定価格買取り制度（ＦＩＴ）の対象となり、売電収入で下水処理場の運営費圧縮に貢献しています。

以上はバイオガスを改質して水素を製造する方式ですが、これとは別に、下水処理水と海水の塩分濃度差を利用した水素製造システムが注目されています。

このシステムは、海水から食塩などを製造する電気透析（注）の技術を応用します。陽イオン交換膜と陰イオン交換膜を交互に並べた間に下水処理水と海水を流し込むと、塩分濃度の高い方から低い方にイオンが移動します。この時、逆電気透析効果が働き電気が発生します。その電力を利用して、電極部分で水素を発生させる仕組みです。

技術的にはすでに確立しており、実証事業開始に向けて動きだした段階です。２０１７年５月より、山口大学、正興電機製作所、日本下水道事業団三者の共同研究体が、山口県周南市の下水浄化センターに実験プラントを建設して、調査・研究をスタートさせました。５～10年で実用化を目指すとしています。

下水と海水を使い、外部電力はほとんど使わないため、製造コストは再エネ電力による水電解の半分程度で済むということです。システムの設置面積も、太陽光や風力発電とは比較にならないほど小さく、既存の下水処理場でも容易に設置可能です。下水汚泥の発酵設備を持たない下水処理場でも、海水さえ取得できれば水素製造を行えます。

下水処理場の多くは、エネルギー需要地に近い都市部に作られています。下水処理場が水素ステーションや発電所を兼ねることにより、地産地消のエネルギー供給システムとして、市民生活へ多角的な貢献が可能となります。

（注）電気透析……イオン交換膜が陽イオンと陰イオンを選択して投下させる性質を利用する分離技術を利用して、水に溶けているイオン成分を濃縮したり反対に除去することができる技術（正興電機製作所ニュースリリース（２０１６年12月６日）より）。

(3) 未来の技術「人工光合成」

最後は、まだ研究段階ですが「人工光合成」について説明します。

植物の「光合成」は、太陽光エネルギーを使って水を酸素と水素に分解する「明反応」と、生成された水素と二酸化炭素から糖質を合成する「暗反応」の二つの経路を経由します。「人工光合成」は、植物の光合成と同じ反応を人工的に再現するものです。

前半の「明反応」では、植物の場合、葉緑素（クロロフィル）が光エネルギーを吸収し、水を分解する触媒の役割を果たします。人工光合成でこの働きをするのが、酸化チタンの粉末半導体などを使った光触媒です。日本は光触媒技術で世界に先行しており、2015年にNEDOと人工光合成化学プロセス技術研究組合が、世界最高レベルの太陽エネルギー変換効率2％を達成しました。

これでもなお実用化には程遠く、最低でも10％程度は必要とされています。変換効率向上に向け、材料やモジュールの研究開発が進められています。

後半の「暗反応」では、明反応で生成した水素（正確には水素イオンと電子）と二酸化炭素を、金属触媒を使ってギ酸、メタンなどの有機化合物に合成します。

水素を製造するだけなら前半の明反応のみで十分ですが、暗反応まで行うことにより、直接CO_2を吸収消費するだけでなく、生成された有機化合物から、化石資源由来ではない燃料や化学原料を人工的に作り出すことができます。

将来、化石資源依存から脱却する可能性のある技術として期待されています。

3　CCS（二酸化炭素回収・貯留）——CO_2フリー水素へのもう一つのアプローチ

CCSは地球温暖化対策の切り札

ＣＣＳ（Carbon dioxide Capture and Storage：二酸化炭素回収・貯留）は、火力発電所や工場などで排出されるＣO_2を分離・回収して、地中に貯留する技術です。上部に水やガスを通さない不透水層が存在する帯水層を選んでＣO_2を圧入すれば、長期間にわたって安全に貯留できます。

ＣＣＳは地球温暖化対策の切り札として、世界中で注目されています。現在世界で十数件の大規模な実証プロジェクトが実施されています。なかでも、ノルウェーの石油会社スタットオイル（２０１８年5月「エクイノール」に社名変更）のプロジェクトは、過去数年にわたって、年間１００万トンのＣO_2を北海海底下の帯水層に圧入している実績があります。

わが国でも、北海道苫小牧市で実証プロジェクトが始まっています。商業運転中の製油

【図表5-3】CCSの仕組み

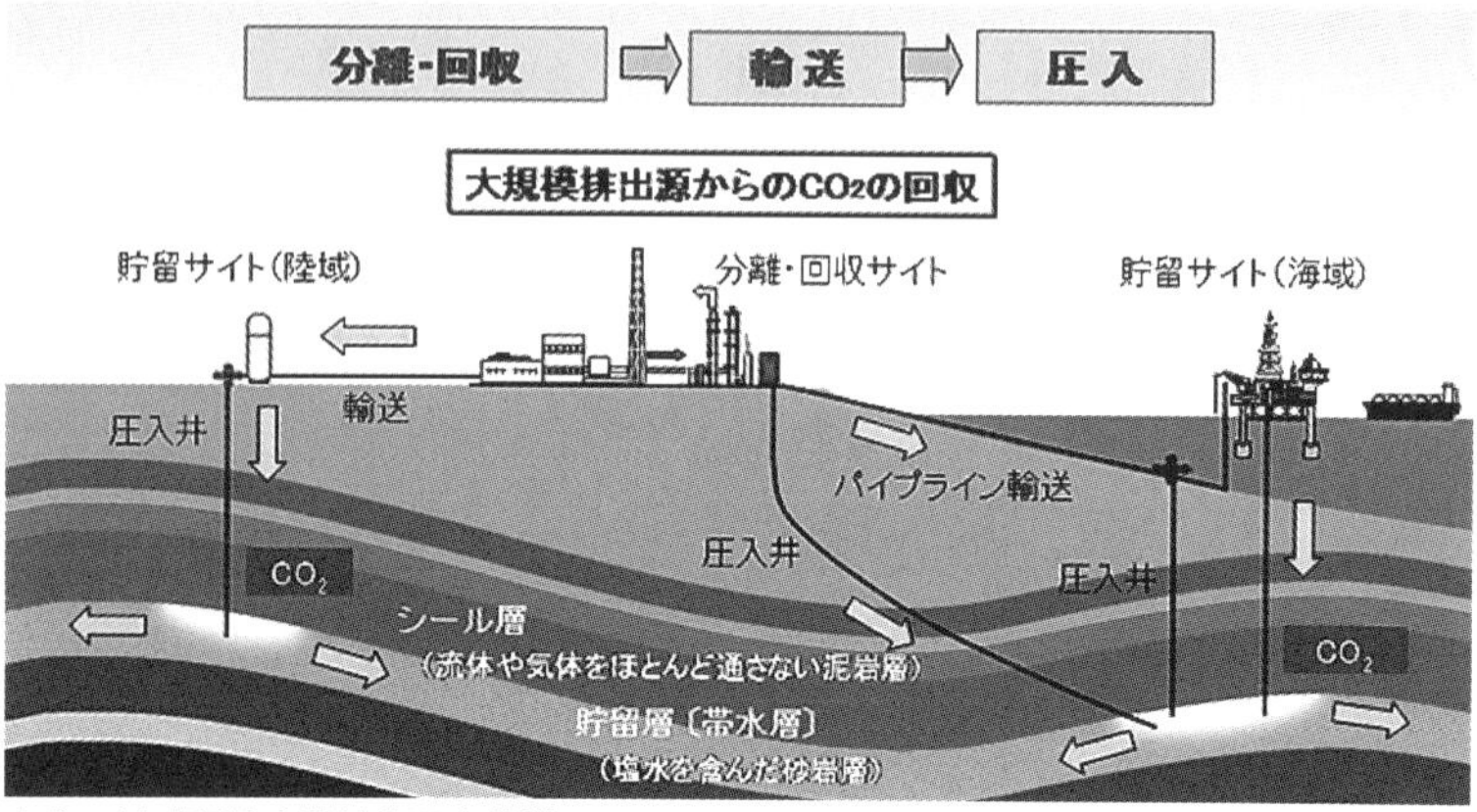

出典：地球環境産業技術研究機構

所の水素製造装置を排出源として、年間10万トンのCO_2の、苫小牧沖の2つの貯留層への圧入を2016年度より開始しました。

ただ、日本にはCO_2貯留に適した帯水層があまりないことや、地震による漏洩リスクもあり、大規模なCCS施設を国内に建設することは難しいと見る専門家が多いようです。

一石二鳥のEOR（石油増進回収法）

EOR（Enhanced Oil Recovery：石油増進回収法）は、油田に天然ガスや化学薬品を注入し、油層内の原油の流動性を改善することで、原油増産を実現する技術です。長く操業して生産性の落ちてきた油田の生産性回復を目的に、30年以上前から活用されている手法です。天然ガスや化学薬品に代えてＣＯ$_2$を圧入しても同様の効果が得られます。

ＥＯＲを利用したＣＣＳは、ＣＯ$_2$貯留層を新たに作る必要がなく、原油増産の対価も得られるので、経済性が大幅に改善します。実際に北米や中東において、商業ベースでの実施例が報告されています。

化石燃料改質＋ＣＣＳでＣＯ$_2$フリー水素製造

化石燃料から水素を製造した場合ＣＯ$_2$を排出しますが、ＣＣＳやＥＯＲと組み合わせることにより、ＣＯ$_2$フリー化を実現することができます。

日本では、ＣＯ$_2$を貯留するのに適した地質があまりないことや、コストが高いことからあまり現実的とは言えませんが、条件に恵まれた海外でＣＯ$_2$フリー水素を製造して輸入することは十分考えられます。

また、中東などの油田地帯で未利用の随伴ガスを使って水素を製造し、ＥＯＲを活用してＣＯ$_2$フリー化して輸入することは大いに有望でしょう。

4　水素製造関連ビジネスの現状とCO_2フリーに向けた研究開発

工業用水素の利用状況

国内における工業用水素の利用状況を見てみましょう。

現在、年間の水素利用量は約150億N㎥。その大半は、石油精製をはじめとして自家消費されています。用途としては、石油精製では硫黄分を取り除く脱硫用、石油化学ではプラスチックなどの樹脂生成時の添加剤、アンモニア製造では原料として使用されます。

一方、外販されるのは、全体の2％の約3億N㎥で、需要先は半導体、金属、ガラス、化学工業向けなどです。用途としては、半導体の製造では原料ガスの希釈や雰囲気用、金属は表面をピカピカにする光輝焼鈍用の添加剤、ガラス製造では酸素とともに燃焼する酸水素炎バーナーなどに使われます。

今後FCVや燃料電池が普及してくれれば、エネルギー用途で外販水素の需要が増加します。

石油業界は最大の水素製造事業者

石油精製工程では、副生水素も一定量発生しますが、脱硫に使う水素の量がはるかに多

【図表5-4】国内における工業用水素利用

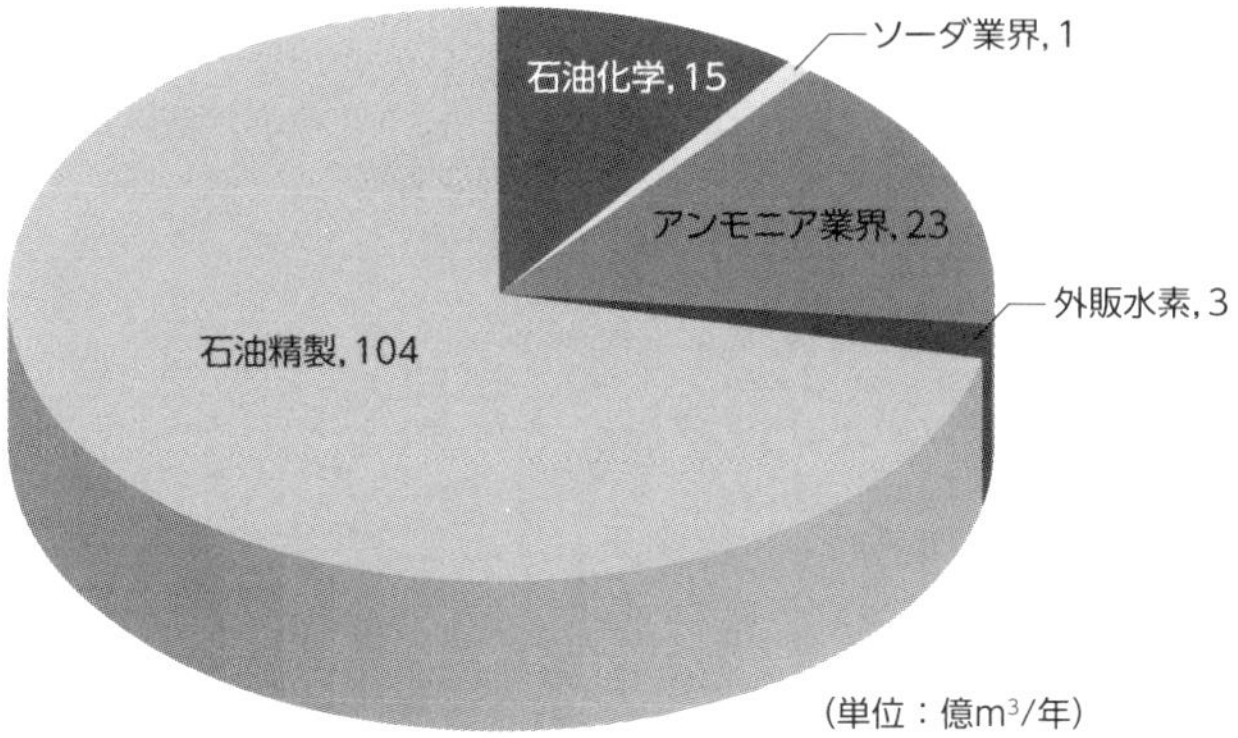

出典：日本エネルギー経済研究所推計

いので、ナフサやLPGなどを原料として必要な水素を工場内で製造しています。石油元売り各社は、製油所に大規模な水素製造装置を建設し、大量の水素を製造しています。これは、今後の水素ステーションビジネス展開にとって大きな武器となります。

国内ガソリン販売シェア50％超のJXTGエネルギーは、日本最大の水素製造会社です。JXTGは、全国に40ヶ所の水素ステーションを開設済みです。その大半はオフサイト型ないし移動式で、JXTGの製油所で製造した水素を供給しています。

首都圏では、本牧《ほんもく》事業所「水素製造出荷センター」を開設し、新たに水素製造・出荷設備を建設し、製造・輸送・販売の効率的かつ安定的な水素サプライチェーンを構築しています。

化学工業は高純度の水素を供給

石油精製に次いで水素の製造量が多いのはアンモニア業界です。アンモニアは、水素に空気中の窒素を固定する方法（ハーバー・ボッシュ法）で製造されます。原料となる水素を作るため、アンモニア工場では水素製造装置を保有し、主に石油系原料から水素を製造しています。

昭和電工は、使用済みプラスチックから水素を取り出す技術を、川崎事業所のアンモニア製造工程で２００３年から導入しています。使用済みプラスチックを原料とすることで化石燃料の消費を抑えるだけでなく、製造工程で発生する二酸化炭素をドライアイスにリサイクルするなど副生物を資源として有効活用しており、従来のアンモニア製造方法に比べ、環境負荷を大幅に低減できます。

この使用済みプラスチック由来水素を、エネルギーとして利用する取り組みが川崎臨海部で始まっています。それが、２０１５年7月に始まった川崎市と同社の共同プロジェクトで、使用済みプラスチックから取り出した水素を、パイプラインで川崎臨海部の需要家に送り、純水素型燃料電池で電力に変換してエネルギー利用する実証事業です。

もう一つ、化学工業から供給される水素の代表的なものとして、苛性ソーダの製造プロセスで発生する副生水素が挙げられます。苛性ソーダは、食塩を電気分解することで製造されますが、この時副次的に水素が発生します。この水素は純度が高く、外販用としても用いられます。

昭和電工川崎事業所でも苛性ソーダを製造しています。同社は副生水素をほぼ全量外販しています。

総合化学メーカー・トクヤマは、苛性ソーダ工場から発生する水素をＦＣＶや燃料電池等に利用する、水素サプライチェーン構築の実証実験を行っています。この実証事業は、山口県、周南市、下関市、トクヤマ、東ソーの五者共同事業として、２０１５年から５年間の予定で進められており、苛性ソーダ工場の副生水素を活用する実証は、全国初のものです。トクヤマはまた、岩谷産業との合弁会社山口リキッドハイドロジェンを設立し、副生水素を原料に液化水素を製造する事業にも参画しています。

外販水素の担い手、産業ガス事業者

外販水素は前記の通り、量的には工業用水素需要全体の２％程度ですが、需要家は幅広い業種・多くのユーザーに広がっています。

販売の形態としては、水素ステーション向けの供給と同じように、①販売業者が需要家の工業用プラント等に水素製造装置を設置して供給（オンサイト供給）、②圧縮水素による販売、③液化水素による販売、があります。

この外販水素の製造・販売を担っているのが、産業ガス事業者です（①については、都市ガス事業者も大きなシェアを占めています)。なかでも、産業ガス最大手の大陽日酸、同2位のエア・ウォーター、水素に強みを持つ岩谷産業の3社は、水素のエネルギー利用拡大を積極的に推進しています。

大陽日酸は、産業ガス事業が売り上げの3分の2を占め、国内はもとより、米国や中国、東南アジアでも幅広く事業展開しています。90年代末より、水素ステーション開発に取り組み、「燃料電池自動車国内市場導入と水素供給インフラ整備に関する共同声明」(2011年1月)を発出した民間事業者13社の1社でもあります。第2章で述べた通り、パッケージ型水素ステーション「Hydro Shuttle」を開発し、水素ステーションのコスト低減、普及に貢献しています。

エア・ウォーターは、大陽日酸に次ぐ産業ガス2位の大手メーカーです。外販水素では、国内に8ヶ所の圧縮水素製造拠点と8ヶ所のオンサイト供給拠点を保有し、国内シェア約12%を担っています。

岩谷産業は、産業ガス全体では前記2社に次ぐシェアですが、水素ガスに限れば55%のシェア(同社推計)を持つトップサプライヤーです。特に液化水素の製造・販売では、ほぼ100%の独占的地位にあります。1978年わが国初の商用液化水素製造プラントを稼働させ、ロケット燃料用の液化燃料製造を開始しました。現在、大阪府堺市、山口県周南市、千葉県市原市の3ヶ所に製造拠点を置いています。このうち周南市では、前出のトクヤマとの合弁会社「山口リキッドハイドロジェン」で、トクヤマの副生水素ガスを原料として液化水素を製造しています。堺市では、関西電力グループとの合弁会社「ハイドロエッジ」で、隣接する関西電力のＬＮＧ基地から原料の供給を受けています。市原市では、子会社の岩谷瓦斯が運営しています。

岩谷産業は、今後の水素需要の拡大を見越して、２０１７年11月に山口リキッドハイドロジェンの製造設備を１系列から２系列へ、２０１９年７月（予定）にはハイドロエッジの設備を２系列から３系列へと、矢継ぎ早に生産能力を増強しています。

産業ガス大手企業の多くは水素製造設備も自社で作っています。大陽日酸と岩谷産業は第２章の水素ステーション関連機器の主なメーカー（73頁）のところで述べた通りです。

エア・ウォーターは、独自開発により「熱中和型高効率改質触媒」を搭載した、オンサイト方式の水素発生装置「ＶＨ」を製品化しています。これにより、改質触媒の削減、長期連続的な超高速の水素発生、さらには環境汚染物質であるＮＯ$_X$やＳＯ$_X$の無排出化など、クリーンな水素製造が可能とのことです。

高効率化が進む水電解装置

水の電気分解による水素製造は、かつては重要な水素製造法でしたが、化石燃料の改質で安価に水素が製造できるようになって、大規模な水電解プラントは姿を消してしまいました。一方で、中小規模の水素製造装置は、それほど多量の水素を必要としない工場などでは、オンサイト方式で必要なときに必要なだけの水素ガスを発生させられるため、水素ガスの貯蔵も不要で、手軽で便利なことから一定の需要があります。

近年、再生可能エネルギー電源と組み合わせたCO_2フリー水素製造の方式として脚光を浴びるようになり、水電解が再び表舞台へ出てきました。大容量で効率の高い電解装置の開発が進めば、CO_2フリー水素のコスト低下が期待できます。

現在、国内で製造・販売されている水電解式水素製造装置は、水素製造能力が１時間に数Ｎ㎥～数十Ｎ㎥程度で、最大のものでも数百Ｎ㎥程度ですが、旭化成は、イオン交換膜法食塩電解事業で培った技術を基に、低コストで大量の水素を製造するアルカリ水電解システムの開発に取り組んでいます。

旭化成は、ＮＥＤＯの委託を受け、横浜市に設置した実証機サイズの大型水電解システムで、１万時間を超える安定的な稼働を実現しています。同社の発表によれば、水素に変換するエネルギー効率は90％と世界最高レベルであり、１万ｋＷの電気を使い、１時間当たり２０００Ｎ㎥の水素を製造できるとのことです。

また同社は、子会社の旭化成ヨーロッパ（独デュッセルドルフ）を通して、２０１８年４月よりドイツＮＲＷ州ヘルテン市で、前記のアルカリ水電解システムを使って、風力発電由来の「グリーン水素」を生成する実証プロジェクトを開始しました。今後の欧州でのマーケティング活動に資するものと期待されます。

東芝は、政府が進める「福島新エネ社会構想」（243頁参照）に参画し、福島県浪江町に、前記旭化成の水電解装置を組み込んだ世界最大規模の水素製造工場を建設する予定です。２０１９年７月末までに設備を完成させ、東京２０２０オリンピック・パラリンピックが開かれる２０２０年度の実証開始を目指しています。

同社はまた、次世代水電解装置ＳＯＥＣの開発にも取り組んでいます。固体酸化物形燃料電池（ＳＯＦＣ）と同じセラミック系固体電解質を用い、高効率と大型化を実現します。同社が２０２０年リリース予定で開発中の大容量水素電力貯蔵システム「H_2Omega」に組み込まれる予定です。

ＰＥＭ（157頁参照）はＰＥＦＣと同様、固体高分子電解質膜と白金触媒を用い、水を電気分解します。オンサイト型中小型機の市場で近年急速にシェアを伸ばしています。

神鋼環境ソリューションは、この分野のリーディングカンパニーです。同社は世界に先駆け、オンサイト型の高純度水素発生装置ＨＨＯＧ（High-purity Hydrogen Oxygen Generator）を開発・商品化しました。

特長としては、⑴高純度の水素ガスを発生、⑵高い安全性とシンプルな操作性、⑶地球環境にやさしい（薬品を使用しない、石油系の物質を水素発生の原料として使わない）などが挙げられます。これまでに、国内外で１６０台以上の納入実績があります。

同じくＰＥＭ型水電解装置で、小容量（１Ｎ㎥／ｈ）から大容量（数百Ｎ㎥／ｈ）まで幅広いラインアップを取り揃えているのが、日立造船の「HYDROSPRING®」です。発電所タービンの冷却（冷媒）、各種製造プロセス（還元用途）、オンサイト水素供給用途、ＦＣフォークリフト等に広く使われています。

この「HYDROSPRING®」は前出（74頁）のとおり、九州大学伊都キャンパス内の実証水素ステーションで採用されたほか、再エネ関連用に複数採用されています。

ＧＳユアサは、１９８０年代からＰＥＭの開発・商品化を手掛けてきた老舗です。１９８２年にＰＥＭ型水電解セルを商品化、１９８９年に水素・酸素混合ガス発生装置、１９９６年には水素ガス発生装置を商品化しました。小容量タイプ（０・１〜５Ｎ㎥／ｈ）が主体で、水素水製造用や電気・電子部品製造工程向け、燃料電池の評価試験用など、いろいろな分野で数多くの販売実績があります。

水電解装置の心臓部ともいえる部材がイオン交換膜です。ＰＥＦＣ型燃料電池の電解質膜で実績のある旭硝子は、イオン交換膜でもトップサプライヤーです

同社は、フッ素樹脂では世界で三本の指に入る大手メーカーです。同社が開発した、フッ素系イオン交換膜「フレミオン®」は、食塩電解法による苛性ソーダ製造やアルカリ水電解・ＰＥＭ型水電解による水素製造に、国内外で広く使用されています。さらに、膜機能（陽イオン選択性）を高め、強度や耐熱性も向上させた新製品「フォアブルー™Ｓシリーズ」を、

２０１７年11月から販売開始し、拡大する需要に対応しています。

バイオガスから水素製造

下水汚泥からの水素製造は、原料が低コスト（下水受入れは処理費込みの逆有償）で多量かつ安定的に調達できるので、ビジネスとしても有望です。

前述の福岡市中部水処理センターの実証プロジェクトでは、水素製造装置のトップメーカー三菱化工機が主導的立場で参画しています。汚泥由来のバイオガスから水素を発生させる工程では、水素ステーション関連機器のところでも登場した同社の「HyGeia-A」が使われています。

バイオガスは、家畜糞尿の発酵によっても発生します。エア・ウォーター、鹿島建設、日鉄住金パイプライン&エンジニアリング、日本エアープロダクツの４社は、北海道十勝地区の鹿追町で「しかおい水素ファーム」を開所し、家畜糞尿由来の水素を活用した水素サプライチェーンの実証事業を実施しています。ここで使われている水素製造装置は、前出のエア・ウォーター製「ＶＨ」です。

ジャパンブルーエナジー（東京都千代田区）は、地産地消型のバイオマス水素供給事業を目指すベンチャー企業です。下水汚泥や木くず、食品残渣などのバイオマスを高温で蒸し焼きにしてガス化し、そこから水素ガス精製設備で高純度水素ガスを取り出す、水素製造プラント「ＢＬＵＥタワー」を独自技術で開発しました。これまで、3基の実証プラントを建設して実証を積み重ねてきました。現在、改良型の「ＢＬＵＥタワーⅣ」実証プラントを、茨城県内に建設中（２０１８年7月完成予定）です。「ＢＬＵＥタワー」は海外からも注目され、同社によれば、カナダ（オンタリオ州）、中国（上海周辺）、タイ（バンコク）で、フィールド実証試験を行うための協議を、現在現地企業との間で進めています。

研究開発が進む人工光合成

人工光合成は、化石資源を使うことなく、無尽蔵の太陽光エネルギーを利用して人工的にエネルギーや有機化合物を作り出す夢の技術です。この夢の実現に向けて企業も動き出しています。

トヨタグループの豊田中央研究所は、２０１１年に人工光合成の実証実験に世界で初めて成功しました。常温常圧の太陽エネルギーの下で、CO_2と水から「ギ酸」の合成に成功したと発表しました。

この時のエネルギー変換効率は０・04％でしたが、同研究所は高効率化を目指して材料と構造を全面的に見直した素子を開発し、２０１６年には世界最高の4・6％を達成しました。

東芝は、２０１４年に当時世界最高レベルの変換効率１・５％を実現しました。同社では、２０２０年代後半の実用化を目標に、汎用性の高い工業原料を高効率で製造する技術の開発を進めるとしています。

パナソニックは、ニオブ系光触媒の開発を進めています。一般的な酸化チタン系光触媒は紫外光しか利用できませんが、ニオブ系は可視光も利用可能で、触媒の効率を大幅に高めることができます。

将来的には、工場などから排出されるＣＯ$_2$を吸収し、エタノールを製造する人工光合成プラントを完成させたいとしています。

前出の人工光合成化学プロセス技術研究組合の組合員でもある三菱ケミカルとＴＯＴＯは、ＮＥＤＯおよび同技術研究組合と共同で、大面積化・低コスト化を実現する新しい光触媒パネル反応器の開発に成功しました（２０１８年１月）。

ＮＥＤＯの発表文によれば、開発した反応器は、基板上に光触媒を塗布し形成したシートを用いて、水深１㎜で水を安定的に分解可能です。既存の反応器に比べて水の量を大幅に低減でき、軽量で安価な材料で製造が可能です。光触媒パネル反応器を実用化に近づける画期的な成果と言えます。

インタビュー

昭和電工株式会社
川崎事業所 製造部次長 特命プロジェクト担当マネジャー 栗山常吉さん

西脇 昭和電工は、使用済みプラスチックから製造した水素を、エネルギーとして利用する実証プロジェクトを実施しておられますね。

栗山 当社は、川崎事業所のアンモニア製造工程で、2003年から、使用済みプラスチックから取り出した水素を原料として利用しています。これにより、当社のアンモニアは環境負荷を大幅に低減した製品となっています。

この使用済みプラスチック由来の水素を、パイプラインで川崎臨海部の需要家に送り、純水素型燃料電池で電力に変換してエネルギー利用する実証事業を、川崎市と共同で2015年から5年間の予定で実施しています。

西脇 実証期間終了（2020年3月）後は、商業ベースで販売するのですか。

栗山 このプロジェクトは、環境省の「平成27年度市域連携・低炭素水素技術実証事業」

に採択され、実証事業の一環として期間中需要家に水素を利用いただきます。

しかし実際のコストは化石燃料より高いため、「環境に良い」というだけではなかなか使ってもらえないので、どうするか頭を痛めています。

西脇　アンモニアは水素エネルギーのキャリアとして期待されています。エネルギーキャリアの研究開発について、御社の取り組みをお聞かせください（筆者注：「エネルギーキャリア」については次の第6章で詳述します）。

栗山　当社は、戦略的イノベーション創造プログラム（ＳＩＰ）のテーマの一つ「エネルギーキャリア」の中で「アンモニア水素ステーション基盤技術」のチームに参加しています。その成果として、広島大学、産業技術総合研究所、豊田自動織機、大陽日酸との共同研究により、アンモニアから燃料電池自動車（ＦＣＶ）用高純度水素を製造する実用可能な技術の開発に世界で初めて成功しました（２０１６年７月発表）。

西脇　SIP「エネルギーキャリア」では、液化水素、有機ハイドライド、アンモニアの3つを採り上げていますが、この中でアンモニアの優位性は何でしょうか。

栗山　アンモニアはNH_3で示されるように、多くの水素を含んでおり、体積密度は液化水素の１・５倍、有機ハイドライドの２・４倍です。若干加圧（10気圧程度）すれば常温で液体の状態を保つので、貯蔵や輸送も容易です。

西脇　経済性の比較はいかがでしょう。

栗山　経済性はアンモニアの製造コストによって変わります。ＳＩＰでは、海外生産のアンモニア価格に一定の前提を置いて、日本に持ってきて水素脱離したときのコスト計算をすることとしており、２０１８年の最終報告ではお示しできる予定です。

西脇　最後に、水素社会の実現に向けて、何が必要だと思われますか。

栗山　このままでは地球温暖化は着実に進んでしまいます。水素社会への転換は絶対に進める必要があります。

コスト的に割高な、水素エネルギーやＦＣＶを普及させるには、補助金や税制面でのバックアップが必要です。個人的な考えですが、炭素税の導入とか、ガソリン税の引き上げが必要と思います。

西脇　フランスやイギリスでは、２０４０年以降ガソリン車の販売を禁止することを決めました。この政策はどう思いますか。

栗山　電気自動車や燃料電池自動車の普及には、大変有効な政策だと思います。

ただ、日本の自動車産業が衰退しても困ります。わが国が採り入れるかどうかは悩ましいところでしょう。

西脇　本日はありがとうございました。

第６章
水素の輸送と貯蔵

水素は非常に軽いガスなので、重量当たりのエネルギー密度は高いのですが、体積当たりでは低くなってしまいます。同じエネルギー量の天然ガスと比べると、水素の体積は3倍です。効率的に輸送・貯蔵するためには、体積を小さくしてやる（体積当たり密度を高くする）必要があります。それには、①高圧で圧縮する、②低温で液化する、③他の物質との化合物（液体）に変換する、④金属合金に吸蔵する、といった方法があります。

主な輸送・貯蔵方法を図表6-1に示します。

1 気体（水素ガス）のまま運ぶ

高圧ガス輸送が最も一般的

水素の輸送手段としては、①の高圧で圧縮して運ぶ方法が最も多く使われています。

現在国内の外販用水素の大部分はこの方法で運ばれています。通常は15MPa（約150気圧）ないし20MPaに加圧して運送用容器（シリンダー）に充填し、トラック等で運びます。大量の水素を輸送する場合は、シリンダーを複数本連結させ容量を増やしたカードルと呼ばれる容器を専用のトレーラーに積んで運びます（図表6-2の写真参照）。大型の輸送用容器には長尺容器を集結したセルフローダやトレーラーもあります。

【図表6-1】水素の主な輸送・貯蔵方法

水素の形態		輸送手段	貯蔵方法	メリット	課題
気体	水素ガス（高圧）	トラック、専用トレーラー	高圧ガスタンク	既に水素輸送手段として広く利用されている	圧縮機や高圧タンクの低コスト化、道路輸送の保安・安全
	水素ガス（中圧）	パイプライン	高圧ガスタンク	大量の水素を安定的に輸送できる	パイプラインの敷設にコストがかかる
液体	液化水素	液化水素運搬船、専用タンクローリー	液化水素タンク（極低温）	体積が1/800に。高圧ガスに比べ12倍の輸送効率	液化（−253℃）に多量のエネルギーとコストがかかる
化合物（液体）	有機ケミカルハイドライド	タンカー（海上）、タンクローリー（陸上）	ケミカルタンク（常温）	体積が1/500に。常温常圧での液体輸送が可能	水素化合および脱水素にエネルギーとコストがかかる
	アンモニア	同上	ケミカルタンク（低温または加圧）	室温でも容易に液化が可能 液化水素より体積密度大	強アルカリ性、刺激臭 分解・脱水素が簡単ではない
固体	水素吸蔵合金に吸蔵	トラック、貨物船	水素吸蔵合金容器	常圧のまま水素貯蔵が可能 体積当たり水素密度が高い	重量当たり水素密度が低い 金属の劣化（水素脆化）

出典：各種資料をもとに筆者作成

【図表6-2】圧縮水素の輸送と貯蔵

出典：岩谷産業『エネルギーが変わる、水素が変える　水素エネルギーハンドブック第4版』（2015）

さらに輸送効率を向上させるため、公道運送時の水素圧縮圧力引き上げを可能とする技術改善と規制緩和が進められ、現在は45ＭＰａまで認められています。圧縮にはエネルギーが必要ですが、最終的には水素ステーションでＦＣＶの水素タンク充填圧力の70ＭＰａ以上に昇圧するので、圧縮に用いたエネルギーは無駄にはなりません。

圧縮した水素ガスの貯蔵には高圧ガスタンクを使います。需要者側（水素ステーションなど）ではカードルのまま一時貯蔵することが一般的です。

パイプライン輸送は大量・安定的輸送が可能

水素を気体のままで運ぶもう一つの方法はパイプライン輸送です。大量の水素を安定的に輸送できます。

ただ、パイプラインの整備に大規模なインフラ投資が必要となり、初期コストが大きいのがネックです。天然ガスのパイプライン輸送が一般化している米国やヨーロッパ諸国では、数百〜数千㎞規模の水素専用パイプラインが既に実用されていることから、パイプラインの経済合理性、技術的なフィージビリティは証明されていると考えられます。

日本では現在のところ、工場の副生水素を、コンビナート内や近傍の化学工場との間で近距離利用することに限られていますが、将来的に水素利用が本格化し需要量が拡大すれば、パイプラインも有力となる可能性があります。また、やはりヨーロッパ諸国で実例のある、既存の都市ガス導管を使って水素を供給することも選択肢の一つと考えられます。

2　液体にして運ぶ

輸送効率が高く大量輸送に適した液化水素

水素はマイナス２５３℃まで冷却すると液化して体積が約８００分の１になり、同じ体積でより多くの水素を運ぶことができます。マイナス２５３℃（絶対温度20Ｋ）という超低温下ではヘリウム以外のガスはすべて固化するため、冷却する過程で不純物が取り除かれ、極めて純度の高い水素が得られるという副次的効果もあります。

輸送手段は、液化水素運搬船、液化水素タンクを備えたタンクローリー車や、液化水素タンクのコンテナをトラックやトレーラーに積載して運ぶのが一般的です。可搬式のコンテナはそのまま貯蔵にも使えます。液化水素用容器は、魔法瓶のような二重構造の真空断熱方式で、さらにボイルオフ（外部からの熱侵入により液化ガスが気化すること）を抑えるために、金属反射膜と断熱シートを交互に多層化した積層真空断熱という方式を採っています。

高圧ガス輸送との比較では、水素は20MPaで圧縮すると体積が約200分の1になるので、同じ容量の容器なら液化水素の方が4倍多く充填できます。

さらに実際の輸送では、高圧水素は細長い重い容器（シリンダー）に充填し、これを束ねてトレーラーに積むので、1台に積める量が限られます。一方、液化水素タンクローリーは、大きなタンク1個なので、充填できる容量が大きく、1台で高圧ガストレーラー12台分運ぶことが可能です。

将来、水素の需要量が大幅に増加すると、海外からの輸入が必要になってきます。天然ガスの輸入は、現地で液化してLNG（液化天然ガス）タンカーで日本に運びます。水素輸入も同様に、生産国で液化して専用の液化水素運搬船で運ぶ方法が有力です。ここにはLNG輸入で培ったわが国の技術が適用できます。

ただ、天然ガスの液化温度がマイナス162℃であるのに対し、液化水素はマイナス253℃という超低温なので、技術的難易度は一段と高くなります。液化水素運搬船の建

【図表6-3】液化水素の輸送と貯蔵

出典：岩谷産業『エネルギーが変わる、水素が変える 水素エネルギーハンドブック第4版』（2015）

造、液化設備や積出設備、荷揚げ設備等の建設もそうですが、液化効率の向上（液化エネルギーの低減）とボイルオフ対策も大きな課題です。

液化のための冷却に要するエネルギーは、液化する水素の持つエネルギーの3割にも達するので、冷却技術や冷却機の効率向上に向けた技術開発は必須です。

一方、冷却に要したエネルギーは、利用場所で水素ガスに戻す際に気化熱として放出されますが、これを超電導の冷媒に利用できないかという研究も進んでいます。超電導技術は、リニア新幹線や超電導送電など電力分野で、今後急速に利用が拡大するとみられています。

超電導送電は、超電導ケーブルに液体窒素（マイナス196℃）を循環させるので、その冷却コストが課題となっていますが、液体水素の冷熱とマッチングできれば、双方ともにエネルギー効率を改善す

【図表6-4】有機ケミカルハイドライド法の工程

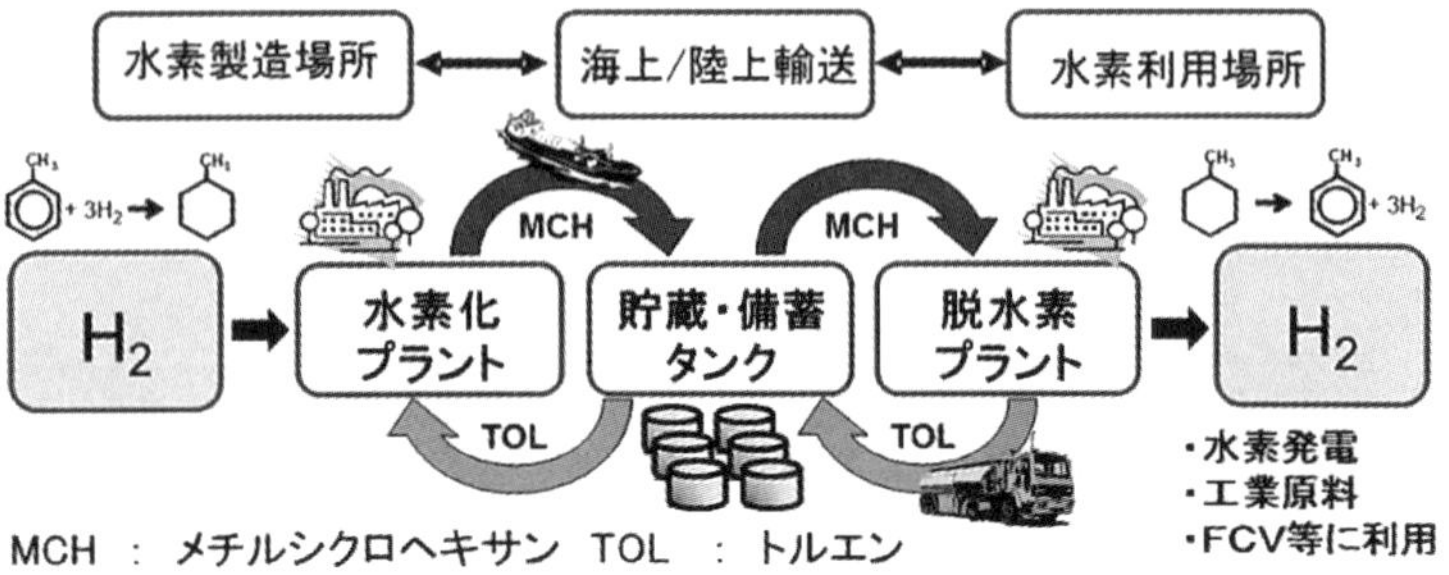

出典：千代田化工建設

ることができます。

常温常圧で運べる有機ハイドライド

圧縮水素でも、液化水素でもない第三の方法として、有機ケミカルハイドライド法があります。トルエンなどの芳香族化合物に水素を付加（水素化）して、別の化合物（メチルシクロヘキサン（MCH）等）に変えて輸送し、利用先で脱水素反応を行って水素を取り出す、化学的な輸送・貯蔵方法です。

水素を取り出した後のトルエンは、製造場所に送り返して何度でも繰り返し利用できます。MCHの体積は元の水素の500分の1で、液体水素よりは劣りますが、トルエンもMCHも常温のまま液体状態なので、取り扱いやすく、通常のケミカルタンカーやタンクローリー車などで運ぶことができるのが最大のメリットです。

水素化反応は発熱反応、脱水素反応は吸熱反応です。これらの反応の際に出入りする熱量は、水素エネルギーの約3割に相当します。水素化プラントおよび脱水素プラントの効率向上と、出入りする熱の有効活用を図り、サイクル全体のエネルギー効率を高めることが課題です。熱の出入りは、先ほどの液化水素とは逆で、利用場所で熱源を必要とします。

発電所や工場等の排熱が活用できれば、捨てられる熱エネルギーを脱水素反応に投入することによって、水素エネルギーへの変換利用が可能となります。

将来的にはアンモニアが有望

水素の将来的な輸送・貯蔵技術として、アンモニアを活用することが検討されています。アンモニアの分子式（NH_3）を見ると、分子の中に多くの水素を持つことがわかります。実際、アンモニアの重量当たり水素密度は17・8％で、これは有機ハイドライド（前述MCH）（重量密度6％）の約3倍です。体積水素密度は、液化水素の1・5～1・7倍、有機ハイドライドの2・4～2・7倍あります。

アンモニアの液化温度はマイナス33℃ですが、若干加圧（10気圧程度）すれば室温でも液体の状態を保ちます。アンモニアは基礎化学品で、肥料原料として大量生産されています。したがって、アンモニアのサプライチェーンは整備されており、これらの既存インフラがそのまま利用可能です。

このように、アンモニアは水素キャリアとして優位点が多いのですが、難点は窒素と水素が安定的に結合しているので、水素の脱離が簡単ではないことです。現状ではルテニウム系触媒を用いて670℃以上の高温が必要です。

また、アンモニアから脱離した水素は不純物が混じっており、燃料電池やFCVに利用する場合には精製が必要となります。

そこで、アンモニアから水素を脱離せず、アンモニアのまま水素エネルギーを利用することが考えられます。

具体的には、アンモニアを直接燃料とする燃料電池や水素発電、アンモニア燃料電池を搭載したFCVなどです。アンモニアは炭素を含まないので、燃焼してもCO_2を排出しません。

内閣府「戦略的イノベーション創造プログラム（SIP）」の「エネルギーキャリア」に関する委託研究で、アンモニア直接利用の研究開発成果が報告されています。

一つは、アンモニアを直接燃料とした固体酸化物形燃料電池（SOFC）です。京都大学が、ノリタケカンパニーリミテド、三井化学、トクヤマとの共同研究で、2016年に1kWクラスの発電に成功しました。

もう一つは、産業技術総合研究所、東北大学流体科学研究所のグループが、メタンとアンモニアの混合ガスによる混焼発電、さらには100%アンモニアによる専焼発電にも成功しています。

アンモニアから水素を分離する方法についても、同じくSIPの委託研究で、アンモニアからFCV用高純度水素を製造する技術の研究開発が進んでいます。広島大学、昭和電工、産業技術総合研究所、豊田自動織機、大陽日酸からなる研究チームは、2016年、世界トップレベルのアンモニア分解用ルテニウム系触媒の調整、残存アンモニア除去装置および水素精製装置を、実証システムの10分の1スケールで開発することに成功しました。この成功は、将来、アンモニアを利用する水素ステーションの実現に途を開くものと期待されます。

また、これとは別に、岐阜大学（神原信志教授）は澤藤電機との共同研究により、プラズマによって常温・常圧・無触媒でアンモニアから高純度水素を製造する「プラズマメンブレンリアクター」を開発し、水素製造装置の試作機を開発したと発表しました（2017年3月21日岐阜大学プレスリリース）。この装置は、高い純度の水素を製造でき、また高価な貴金属触媒も必要としないので、低コスト化も可能とのことです。

アンモニアの工業的な製造方法は、水素と空気中の窒素を高温高圧下で鉄触媒を使って合成する方式（ハーバーボッシュ法）が一般的です。水素は化石燃料を改質して作りますので、アンモニア製造工場では大量のCO_2を排出します。アンモニアを水素キャリアとして活用していくためには、CO_2フリーのアンモニアを作る必要があります。

将来的に、海外の安い再エネ電力で作った水素を使ってアンモニアを製造し、日本に持ってくるサプライチェーンを構築できれば、大いに有望です。

3　固体（水素吸蔵合金）で運ぶ

水素吸蔵合金は省スペースで水素貯蔵

気体、液体とくれば、次は固体です。と言っても水素を固化するわけではありません。ある種の金属合金は、水素を吸収したり放出したりすることができます。このような性質を持つ合金を、水素吸蔵合金と呼びます。

水素吸蔵合金には、金属結晶の空隙に水素を取り込む方式と、水素と金属が反応して金属水素化合物を作る方式があります。いずれの方式も水素を分子状態で貯蔵するため、体積が1000分の1以下になり、液化水素よりも省スペースで貯蔵できます。

また、水素を放出する時は加熱が必要ですが、貯蔵時は常温常圧で安定しているので、取り扱いが容易です。

難点は、合金自体の重量が重いので、重量当たりの水素吸蔵量が小さいことです。実用化されている中で最も吸蔵量の多い合金でも、重量比4％程度です。高圧タンクに比べると重いため輸送用途や車載用途には厳しいですが、貯蔵用途では、常温常圧で貯蔵できるので、大掛かりな設備の必要性や設置場所の制約もなく、限られたスペースでの貯蔵装置としては最適です。

今後、水素吸蔵量の大きい新合金や、アルミニウム等の軽い金属を材料とした新合金が開発されれば、ＦＣＶ搭載水素タンクとして利用できる可能性は十分あります。

水素吸蔵合金は、貯蔵装置としての利用以外にも、水素の吸収・放出反応で生じる熱エネルギーを利用したヒートポンプシステムや、電気エネルギーを利用したニッケル水素電池（トヨタハイブリッド車に搭載されている）などに使われています。

どの輸送・貯蔵方法が優れている？

では、どの方式が今後主流となっていくのか。どの方式にもそれぞれ一長一短があり、どれが優れているのか一概に決めつけることはできません。いくつもの方式が併存し、ユーザーが目的用途に応じて最適なものを選ぶ状況がしばらく続くと思われます。

現在、国内で流通している水素の多くは工業用途です。今後ＦＣＶの普及が進むにつれ、水素ステーション向けが増えてくるでしょう。

また、業務用・産業用の燃料電池が普及し始めれば、純水素型燃料電池が多くなるので、その輸送需要も増えてきます。しかし、この段階ではまだ流通量は限られており、輸送距離もそれほど長くないので、現在一般的に使われているトラックや専用トレーラーによる高圧ガス輸送が引き続きメインでしょう。

水素発電が本格導入（水素・燃料電池戦略ロードマップ改訂版では２０３０年代）されると、水素需要量は飛躍的に拡大します。国内生産だけでは到底足りなくなるので、海外からの輸入が必要になってきます。そうなると、液体にして船で運ぶのが効率的です。

液化水素、有機ハイドライド、アンモニアの中で、製造される水素の性状や輸出国側のインフラ状況等により、最適な方式を選びます。選択に当たっては、製造コストも含めたサプライチェーン全体のトータルコストが最大のファクターとなります。

各方式とも、現在は開発段階にあるので、今後の技術開発如何によっては、効率やコストが飛躍的に改善する可能性もあります。そうなれば、その方式がメインの地位を勝ち取ることになるでしょう。

4　今後、生まれるビジネスチャンス

高圧ガス輸送のＪＸＴＧエネルギー、液化水素輸送の岩谷産業

現在外販されている水素は、半導体・液晶、自動車ガラス向けなど、産業用途が大部分

を占めています。今後ＦＣＶが普及してくれれば、水素ステーション向けの供給が中心となってくるでしょう。

水素ステーション設置数トップのＪＸＴＧエネルギーは、２０１６年3月、横浜市の本牧事業所に「水素製造出荷センター」を開所しました。ここで、ＬＰＧを原料に水素を製造し、首都圏の水素ステーションに水素を供給しています。

水素の輸送は、トラックによる高圧ガス輸送です。運送用容器の最高充填圧力が、従来の20ＭＰａから段階的に45ＭＰａまで引き上げられたのに対応して、45ＭＰａ専用トレーラーを導入し、効率的に大量輸送できる体制を整えています。

第2位の岩谷産業は、昭和30年代から水素製造を手掛ける草分け的存在です。輸送面では、シリンダーを束ねた「カードル」の開発や、「トレーラー」「セルフローダ」等の画期的な輸送車を次々に開発してきた歴史があります。

液化水素でも草分けで、１９７８年にわが国初の商用液化水素製造プラントを稼働させ、80年代から国産ロケットの液体水素燃料の供給を一手に引き受けてきました。現在、国内の液化水素生産のほぼ１００％、輸送の80％のシェアを握るガリバーです。

将来ＦＣＶの普及が進み、売り上げ規模の大きい水素ステーションでは、液化水素での貯蔵が効率的です。

同社は、液化水素貯蔵方式の水素ステーションを開設し、液化水素タンクローリーで運び、大型の液化水素貯槽に貯蔵する方式を実践しています。

輸送用容器のメーカー

高圧水素ガスは、専用の輸送用容器（シリンダーやカードル）に充填してトラック等で運びます。この容器は、第1章の車載水素タンクの項（55頁）で述べたのと同じ、樹脂製またはアルミ合金製のライナーに炭素繊維を巻き付けた二重構造となっています。輸送用容器は、大陽日酸、岩谷産業等産業ガス大手が自ら、あるいは子会社で製造するケースもありますが、通常は専門の高圧ガス容器メーカーから調達します。

主なメーカーは、第1章で登場した車載ボンベのＪＦＥコンテイナー、第2章で登場した蓄圧器のサムテックのほか、高圧ガス工業、関東高圧容器製作所（群馬県前橋市）、高圧昭和ボンベ（大阪市）等があります。

液化水素の輸送・貯蔵用容器の製造は、岩谷産業のほか、川崎重工等のＬＮＧタンクメーカーも手掛けています。

川崎重工は日本で初めて、液化水素輸送用のコンテナを開発しました。積層真空断熱材と、タンク内部に液化水素の動揺を抑制するための防波板を配置して、ボイルオフを抑えています。

将来の大量輸入を担う水素キャリアの開発競争
――液化水素川崎重工vs.有機ハイドライド千代田化工建設

国のロードマップでは、２０２０年代後半に水素の輸入が始まり、30年代に本格化します。海外からの水素大量輸送のキャリア候補としては、液化水素と有機ハイドライドが有力です。すでに、その開発競争が始まっています。

液化水素方式を推進するのは、川崎重工と岩谷産業です。川崎重工は、ＬＮＧタンカーで培った技術と経験を活かして、液化水素運搬船の開発に取り組んでいます。世界初の液化水素運搬船による実証実験を日豪航路で行う計画で、２０２０年完工予定で実証船を建造中です。この実証実験には、岩谷産業も水素液化設備、荷役設備およびオペレーション技術の分野で共同参加しています。（詳しくは第7章227頁）

一方、千代田化工建設は、有機ハイドライド法の開発を推進しています。従来難しいとされていた脱水素反応の触媒開発に成功しました。同社の子安リサーチパークに実証プラントを建設し、２０１３年より水素化プロセスおよび脱水素プロセスの実証実験を行いました。

現在は「ＳＰＥＲＡ水素®」の商標で事業化しています。今後、プラントの規模拡大、効率化、低コスト化を進め、来るべき海外からの大量輸送に備えています。

メチルシクロヘキサン（ＭＣＨ）による水素の輸送・貯蔵は、千代田化工建設以外にも、

【図表6-5】大型液化水素運搬船

出典：川崎重工業HP

日立製作所やフレイン・エナジーが手掛けています。

フレイン・エナジー（札幌市）は、2001年設立のベンチャー企業ですが、中・小型の水素貯蔵装置（水素をMCHに貯蔵）と水素供給装置（MCHから水素を取り出し）を製造しています。水素供給装置は、FCVや船舶、鉄道車両等に搭載することも視野に、コンパクトサイズのオンボード型も開発しています。

水素吸蔵合金は合金材料等の技術開発で需要拡大も

水素吸蔵合金のトップメーカー・日本重化学工業は、車載用水素貯蔵タンクの開発に注力してきました。2000年前後、初期のFCV試作車に搭載しましたが、システムの重量が重過ぎて実用化には至りませんでした。その後ＮＥＤＯの委託研究で、高圧ガスタンクと水素吸蔵合金を組み合わせた、ハイブリッド貯蔵タンクを開発しました。まだ軽量化が不十分ですが、新合金材料の開発等により軽量化、低価格化できれば、ＦＣＶ搭載水素タンクに採用される可能性は十分あります。

同社の水素吸蔵合金は、岩谷産業の液化水素型ステーションで活躍しています。液化水素タンクのボイルオフガスを水素吸蔵合金に回収し、高圧ガスに昇圧しＦＣＶ充填用に再利用しています。水素吸蔵合金は設置場所に制約がなく、かつ省スペースなので、さまざまなシーンで活用でき、今後の需要増が期待できます。

中央電気工業（新日鐵住金（旧住友金属工業）系列）は、水素吸蔵合金の主要な用途先であるニッケル水素電池の材料である合金のトップサプライヤーです。ニッケル水素電池は、ハイブリッドカーのバッテリーとして現在主流となっています。近年の技術改良で、長寿命化、大容量化、軽量化と目覚ましい進化を遂げていますが、トップサプライヤー中央電気工業はこれに大きく貢献しています。

その他の主要メーカーでは、三徳と日本製鋼所が挙げられます。レアアース大手の三徳は、レアアースのミッシュメタルとニッケル、コバルトなどを配合した水素吸蔵合金を作っています。主な用途は、ニッケル水素電池の負極材です。

日本製鋼所は、電力・原子力向け大型鋳鍛鋼の世界的メーカーです。独自技術により、

ＡＢ５型レアアース系合金「ハイドレージ™」を開発しました。合金粉末を容器内に高密度、均一に充填し、水素吸収性を向上するとともに、水素吸収時の合金の体積膨張作用を緩和し、安全性を高めています。

ベンチャー企業のバイオコーク技研（東京都千代田区）は、高温・高圧の炉で水素とマグネシウムを反応させて水素吸蔵化合物「マグ水素（MgH_2）」を製造する技術を開発しました。マグ水素は水を加えると水素を発生しますが、この時化学式【$MgH_2 + 2H_2O \rightarrow 2H_2 + Mg(OH)_2$】に見る通り、マグ水素に含まれる量の２倍の水素が取り出せるのが特長です。

同社はマグ水素を、持ち運びやすいタブレット型に成型して、小型ポータブル発電機（商品名マグポポ）の燃料として販売しています。

同社は今後、定置式燃料電池や車載用の水素貯蔵装置として、大型タブレットの商品開発を進める方針です。商品化に向けて、マグ水素の大量生産システムの開発およびタブレットとリアクター（水素取り出し装置）のパッケージ化に取り組んでいます。

また、タブレットに水を加えれば容易に水素を取り出せるので、小規模な水素の輸送・貯蔵にも利用可能と期待されます。

第7章

エネルギーキャリアとして期待される役割と広がる可能性

水素は、多様なエネルギー源から製造することができます。大量かつ効率的に輸送・貯蔵することができるようになれば、水素は単に二次エネルギーの一つということにとどまらず、多様なエネルギーを「水素」に変えて、エネルギー貯蔵することや、地球上のどこへでも運ぶことができる、万能の「エネルギーキャリア」となります。

これこそが、水素が、未来のエネルギー社会において中心的役割を担うと期待されるゆえんなのです。

水素がエネルギーキャリアとして期待される役割は、大きく二つあります。一つは、再生可能エネルギー発電の導入拡大を可能にすること。そしてもう一つが、海外の豊富で安価な再エネ発電電力や未利用エネルギーを水素に変えて日本に運ぶことです。

1　再生可能エネルギー導入拡大を可能にするP2G

水素は自然エネルギーを貯蔵する大容量蓄電池

P2G（Power to Gas）とは、直訳すれば「電力から（水素）ガスへ」です。一般的には、不安定な再生可能エネルギー発電の余剰電力を使って水素を製造し、貯蔵・利用するシステムを指します。

現在の技術では、CO_2を排出しない発電方式は、原子力発電と再生可能エネルギー発電しかありません。原発の拡大に制約のある中、再エネ発電の大幅な拡大は不可欠です。しかし、大幅な拡大には課題があります。

電力は作り貯めが利きません。発電と消費は常に同時同量でなければならず、このバランスが崩れると供給する電力の品質を損ない、場合によっては停電のリスクも生じます。電力会社は、消費量に合わせて小刻みに発電量を調節してバランスを取っています。

太陽光発電や風力発電は、天候次第で発電量が大きく変動する不安定電源です。これが大量に入ってくると、バランス調節ができなくなります。実際に、固定価格買取り制度（FIT）導入後、メガソーラーの建設ラッシュが続き、調節しきれないほどの大量の太陽光発電の接続申し込みが殺到し、九州電力などで受け付けを停止する事態に追い込まれ、社会問題化したことは記憶に新しいところです。

電力会社は、再エネ発電の接続に上限を設け、これを超えるものは接続を認めない、あるいは接続しても供給過多となれば無補償で出力制御（発電設備からの出力を停止または抑制するよう要請）することが認められています。

そこで、発生する余剰電力を、P2Gで水素に変えて貯蔵すれば、上限を超えた再エネ発電の導入も可能になります。しかもその水素は、ムダに捨てられる電力を使って作るものなので、製造コストは極めて低廉です。

【図表7-1】自然変動電源出力の分離（イメージ図）

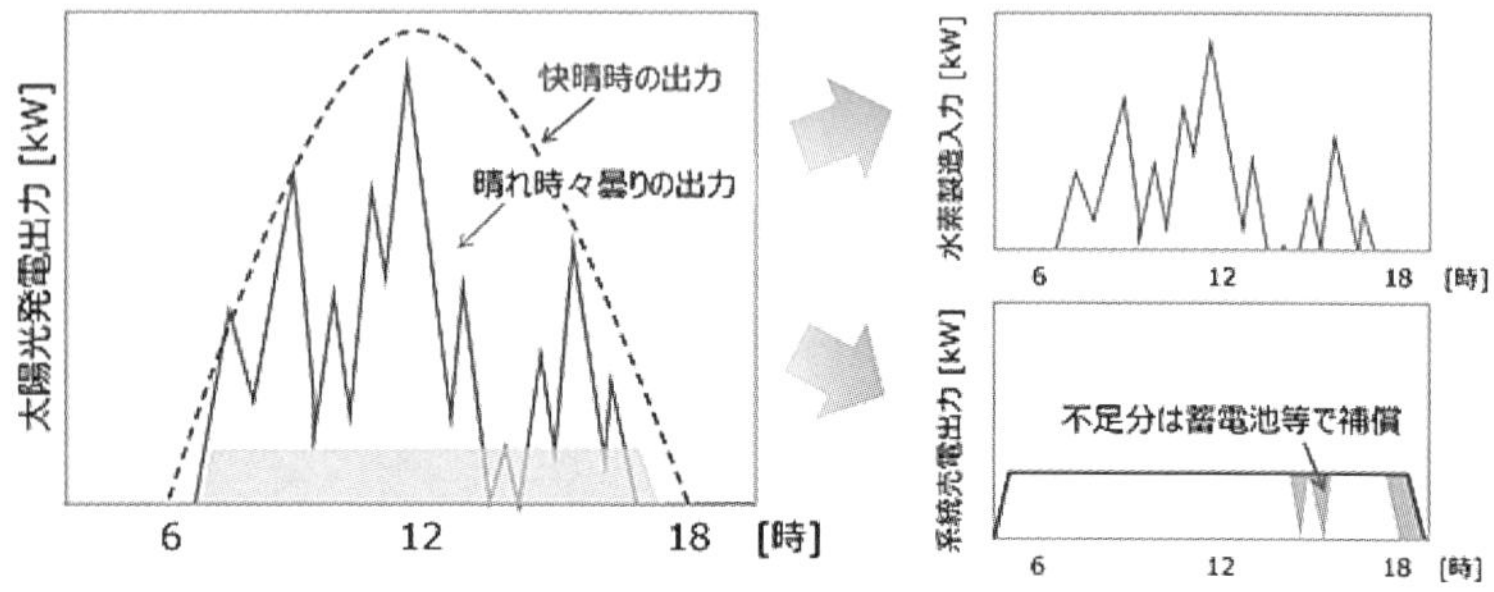

出典：資源エネルギー庁燃料電池推進室

また、将来FITが廃止された状況では、変動の激しい再エネ電力はそのままでは販売困難となるか、あるいは安い価格でしか売れません。経済価値の高い出力安定部分と、低い変動部分に分離して、安定部分のみ販売し、不安定部分は水素製造に活用することが考えられます（図表7-1）。

離島や送電線の敷かれていない辺鄙《へんぴ》な地域では、風況や日照条件に恵まれていても、系統接続して買い取ってもらうことができません。地域の電力需要も小さいので、地産地消も限界があり、P2Gは有力な手段と言えるでしょう。貯蔵した水素は、どこへでも運べて、いつでも燃料電池を使って電気として取り出すことができます。

しかしここで「貯蔵した水素を燃料電池で再び電力に戻すなら、蓄電池の方が効率

【図表7-2】各種電力貯蔵システムの出力容量と蓄電時間の関係

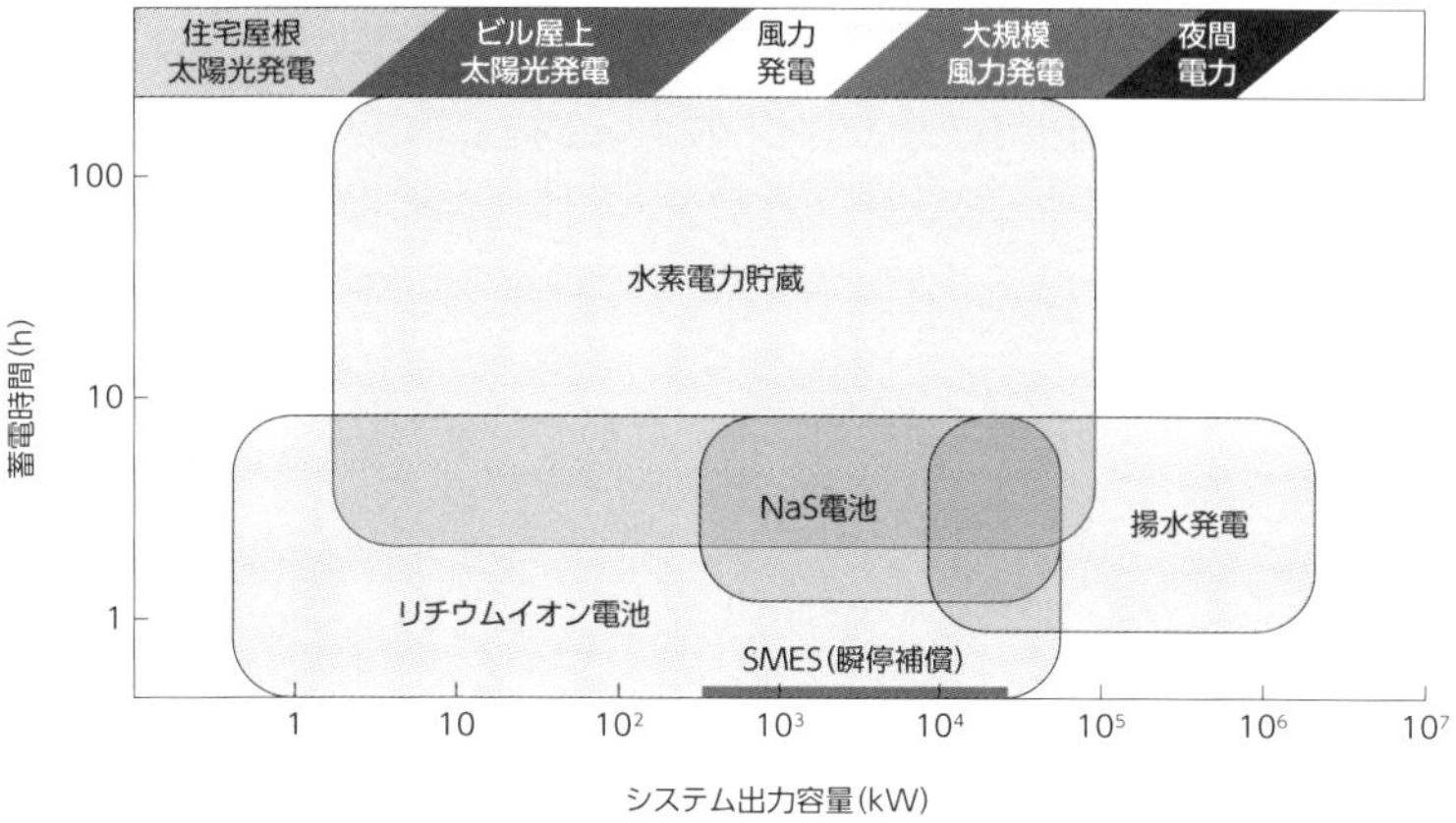

出典：吉野・松永・中島「高効率な水素電力貯蔵システム」『東芝レビュー』Vol.70 No.5(2015)

がよいのではないか？」という疑問が生じます。リチウムイオン電池の充放電効率は90～95％ですが、水素は、電解効率80％×発電効率55％＝44％にしかなりません。コジェネ方式で熱利用まで加えてもせいぜい70％です。

たしかに効率だけ見ればその通りですが、水素貯蔵には大量の電力を長期間貯蔵できるという、既存の蓄電池にはない優位点があります。

蓄電池と水素を比べると、電気エネルギーを化学エネルギーに変換して貯めるという点は同じですが、蓄電池は変換部分と貯蔵部分が一体となっているので、大容量化には、コストの高い蓄電池をいくつも並べる必要があります。水素は、変換部分と貯蔵部分が独立しているので、貯蔵部分（ガスタンク）を増設するだけで、簡単にかつ低コストで大容量化できます。

また、蓄電池は自然放電するため、時間の経過とともに蓄電量が減少してしまいますが、水素は密閉したタンクであれば自然放出することはないので、長期間貯蔵しても減衰しません。季節や年をまたぐ電力貯蔵も可能です。

太陽光発電や風力発電を大量導入するためには、大量に発生する余剰電力を季節単位で貯蔵できる、大規模なエネルギー貯蔵システムが必要であり、それには水素電力貯蔵が現実的で有効な技術なのです。

P2G取り組みで先行するドイツ

再エネ発電導入に積極的なドイツでは、総電力消費量に占める再エネ発電の割合が30％を超えます。大量の余剰電力が発生し、国を挙げてP2Gに積極的に取り組んでいます。現在30を超えるP2G実証プロジェクトが実施されています。

ドイツのP2Gプロジェクトは、余剰電力を水素で貯蔵し再度電力に戻すという基本形だけでなく、水素のいろいろな用途に対応した多様な技術実証が行われています。

図表7-3に見る通り、最も多いのは天然ガスグリッドへの注入です。ドイツは、国内に天然ガス導管が張り巡らされています。再び電気に戻すより、水素のままガス導管に注入し、混合ガスとして利用した方が効率がよいという発想です。ドイツの電力大手エーオ

【図表7-3】ドイツにおけるP2Gプロジェクト実施事例

出典：国土交通省北海道局「海外視察報告　ドイツ（ベルリン・デュッセルドルフ）」
　　（2016.1.29）
原出典：Hydrogen in North-Rhine Westphalia, EnergieAgentur. NRW（2015.11）

ンが手掛けるプロジェクトでは、風力発電の電力で製造した水素を、最大10％まで注入し、「Wind Gas」として販売しています。

メタン化（メタネーション）プロジェクトも多く見られます。CO_2フリー水素をCO_2と反応させてメタンガスを製造し、天然ガス代替燃料あるいは自動車燃料として利用するものです。これも、輸送には、既設の天然ガスパイプラインが利用できます。

自動車メーカー・アウディの「e-gas プロジェクト」では、再エネ由来の水素とバイオガス由来のCO_2で、カーボンニュートラルなメタンガスを製造し、アウディが市販する天然ガス自動車購入者に供給します。

なお、このプロジェクトの共同参画会社の一つであるエトガス社（P2Gシステムの開発・販売）を、日立造船グループが2016年に資産買収しました。この結果、日本企業が間接的に参画企業となっています。

水素は、化学原料や還元剤として工業用途にも使われますが、そうした用途に再エネ由来水素を利用するプロジェクトも進められています。独シーメンスとオーストリアの鉄鋼メーカー・フェストアルピーネ等が進めるプロジェクトは、製鉄プロセスに再エネ由来水素を使うものです。

通常のプロセスでは、コークスを使って鉄鉱石に含まれる酸素を除去（還元）しますが、コークスの製造および還元工程で大量のCO_2を排出します。これを水素還元に置き換えるもので、「H2Future プロジェクト」と名付けられています。

ドイツは、電力消費に占める再エネ割合を、２０５０年までに80％以上とする目標を設定し、再エネ導入拡大を着実に推進しています。再エネ比率が上がると、再エネ電力供給能力が需要を上回る時間帯が増加します。80％になった場合、ほとんどの時間帯で需要を上回ってきます。その対策として、Ｐ２Ｇの果たす役割は大きいと認識されています。

Ｐ２Ｇ実証プロジェクトは、欧州委員会やドイツ政府から補助金が出ていますが、実施主体の大半は民間企業です。

現状では、コスト面の課題や水素需要が少ないこと等から、商業化には至っていませんが、将来的なビジネスとしての展望は明るいと見られています。

日本でもＰ２Ｇ実証プロジェクトが始まった

Ｐ２Ｇ技術開発で後れを取った日本ですが、ここへきて急ピッチで実証プロジェクトが立ち上がっています。そのいくつかを紹介します。

ロボットが接客することで話題を集めたハウステンボス「変なホテル」では、２０１６年７月に開業した第2期棟で、太陽光発電と水素貯蔵による自立型エネルギーシステムを導入しました。

太陽光発電の余剰電力を、一部はリチウムイオン電池に、一部はＰ２Ｇで水素に変換して貯蔵し、1年を通して一部の客室に必要な電力を自給自足します。２０２０年まで5年間にわたって実証実験を続ける計画です。

山梨県、東レ、東京電力ＨＤ、東光高岳の４者は、新エネルギー・産業技術総合開発機構（ＮＥＤＯ）「水素社会構築技術開発事業」の委託を受け、２０１７年末より実証事業の本格運用を開始しました。４者の報道発表文によれば、甲府市内の米倉山において、太陽光発電による電力で、年間45万Ｎ㎥の水素を製造、貯蔵および利用するＰ２Ｇシステムの確立を目指します。

それぞれの役割と狙いは、山梨県は、Ｐ２Ｇにより再エネ拡大を促進するとともに、関連産業振興を図ること。東レは、電解質膜、電極材料などの燃料電池や水電解向け材料の開発。東京電力は、エネルギーの効率利用や再エネに係る新たな技術開発。東光高岳は、電力ネットワークの監視・制御です。

「不安定な電力で水素製造する技術」「安全に貯蔵・輸送する技術」の開発から社会実証まで一貫したシステムの構築を行います。

東北の被災地では、震災で深刻なエネルギー問題に直面した経験から、非常用電源などで水素を有効活用する先進地を目指した取り組みが目立ちます。

仙台市の茂庭《もにわ》浄水場では、東北大学が前川製作所などの協力を得て、浄水場内に設置した太陽光発電と水素貯蔵を組み合わせた、電力・水素複合エネルギーシステムを構築し、

２０１７年8月から実証運転を開始しました。

この実証事業の目的は二つあります。

一つは、太陽光発電の出力変動を平準化することです。太陽光発電の余剰電力で水を電気分解し、発生した水素を貯蔵しておき、必要に応じて燃料電池で再発電する仕組みです。電気二重層キャパシタ（注）も使い、大容量で長期貯蔵できる水素と、高効率で即応性に優れるキャパシタの組み合わせで、再エネ発電の出力変動に対応した効率的な運営を目指します。

二つ目は、災害時のバックアップ電源です。通常、浄水場などの重要施設には非常用自家発電設備が備えられていますが、容量不足や、災害時には燃料の調達が困難等の理由から、信頼性は十分とは言えません。東日本大震災の時は、場所によっては４日間も停電しました。このシステムでは、停電時でも発電できる太陽光発電と、水素貯蔵を組み合わせることにより、長期の停電にも耐えうる体制を構築します。

実証事業には、前川製作所をはじめ民間企業が４社参加しています。前川製作所が設計と設置を担当し、水電解装置は神鋼環境ソリューション製、キャパシタは日本ケミコン製、電力の制御系技術は北芝電機製が用いられています。

風力発電のポテンシャルが高い北海道でも、Ｐ２Ｇプロジェクトが始まっています。苫《とま》前《まえ》町の町営風力発電所（夕陽ヶ丘ウィンドファーム・風来望《ふうらいぼう》）を舞台に、豊田通商、ＮＴ

Tファシリティーズ、川崎重工、フレイン・エナジー、テクノバ、室蘭工業大学の5社1大学が、NEDO「水素社会構築技術開発事業」の委託を受け、2017年11月よりP2G実証を開始しました。

NTTファシリティーズが開発した風力発電量予測システムで翌日の風況・発電量予測を行い、安定電力は系統に売電。不安定電力で水素を製造し、メチルシクロヘキサン（MCH）に変換して需要地に運び、需要地でMCHから水素を取り出して利用します。各社の役割は261頁の表の通りです。

この実証事業では、①風力発電予測システムの予測精度と、売電する電力量と水素製造にまわす電力量の最適配分、②変動の大きな風力発電電力に対する水電解装置の性能、③水素輸送のための水素化装置と脱水素装置の性能、などを検証します。

（注）電気二重層キャパシタは、電気二重層という物理現象を使って蓄電する物理電池です。瞬時の充放電が可能で、出力変動の激しい再エネ発電の変動調整用にはうってつけの蓄電システムといえます。

P2G水素貯蔵・供給システムで先行する東芝

P2Gシステムで必要となる主な機器は、電力で水素を製造する水電解装置、作った水素を貯めておく水素貯蔵装置、水素を使って発電する純水素型燃料電池などです。

【図表7-4】東芝の自立型水素エネルギー供給システム「H_2One™」

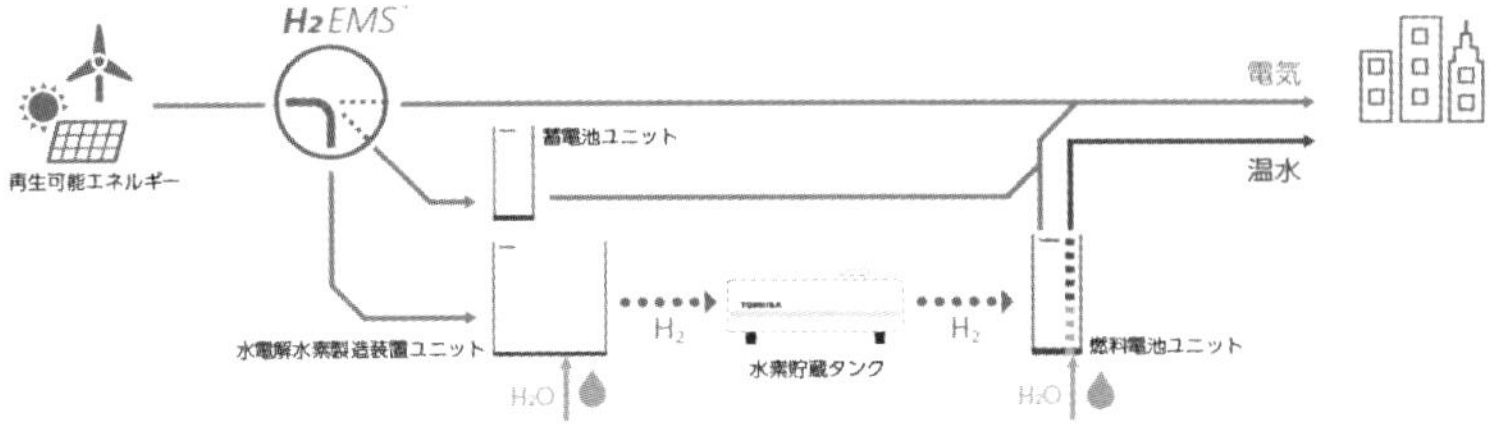

出典：東芝エネルギーシステムズ

東芝は、これらをパッケージ化して1台のコンテナに収めた、世界初の自立型水素エネルギー供給システム「H_2One™」を２０１５年に販売開始しました。太陽光発電や風力発電等の再生可能エネルギー由来の電気を使って水素を製造し、タンクに貯蔵します。

平常時は水素ＥＭＳ（Energy Management System）として、電気、温水、水素の使用量、貯蔵量を適切に配分し供給。災害時には、貯めた水素を使って燃料電池で発電し、電力と温水を供給します。持ち運びが容易なコンテナなので、緊急時に広域展開が可能です。

「H_2One™」の最初の納入先は、横浜市港湾局です。その後、前述のハウステンボス「変なホテル」、東北楽天ゴールデンイーグルスの本拠地「楽天生命パーク宮城」、ＪＲ東日本（武蔵溝ノ口駅）等多数の納入実績があります。

東芝以外では、冷凍・冷蔵機器の大手メーカー前川製作所が、京都大学と共同して、通常時の再エネ有効利用と非常用電源としての機能を併せ持つ「電力・水素複合エネルギー貯蔵システム」を開発しました。前記の仙台市茂庭浄水場にて、２０１７年8月より実証運転を開始しています。

P2Gは再エネ発電拡大の打ち出の小槌

日本で再エネ発電のポテンシャルが大きい地域と言えば、すぐに北海道や九州が思い浮かびます。

これらの地域では、電力会社の接続許容量が限られているため、新規導入がスローダウンしていますが、Ｐ２Ｇシステムがコスト面も含め使えるようになれば、導入が一気に進む可能性があります。Ｐ２Ｇ実証事業は、システムの有効性や経済性を検証し、改善するための重要なステップです。いろいろなケースを想定し、幅広い実証実験に取り組み、早期に実用レベルに達することが期待されます。

また今後、卸電力市場の取引量が拡大すれば、時間帯によって極めて低価格の電力を調達できる可能性がでてきます。これを水素に転換して貯蔵することも考えられます。この電力は再エネ由来ではありませんが、グリーン電力証書（注）を購入すれば、再エネ電力とみなされます。

欧州諸国では、市場経由取引が総電力需要の50～80%を占めています。市場取引に厚みがある一方、価格は激しく変動します。再エネ発電量の多い時間帯や、天気予報が外れ予想外に発電量が積み上がった場合には、ゼロ価格やマイナス価格で取引されることも珍しくありません。

わが国では市場経由は3～4％にとどまり、極端な低価格で調達できる機会は限られます。電力取引市場を活性化すること、およびグリーン電力証書制度を利用しやすいシステムに改善することは、P2Gの活躍の場を広げ、再エネ発電事業者には、系統に売電できない余剰電力を（低価格とはいえ）市場で売却、同時にグリーン電力証書も売却する機会を提供します。

P2Gは、再エネ発電の余剰電力や不安定電力を吸収することで、再エネ電力の価値を高め、あるいは市場取引を通して再エネ発電を側面支援する働きがあり、その結果再エネ導入を推進します。まさに、再エネ導入を進める打ち出の小槌と言えます。

（注）グリーン電力証書システムは、再生可能エネルギーにより発電した電力の「環境付加価値」を切り離して、「グリーン電力証書」として取引する仕組み。証書の購入者は、その分だけグリーン電力を使ったとみなされる。

インタビュー

東芝エネルギーシステムズ株式会社
次世代エネルギー事業開発プロジェクトチーム プロジェクトマネジャー
統括部長 大田裕之さん

西脇 御社は、「水素社会」実現に向けて、積極的に水素エネルギービジネスを展開しておられます。まず御社の水素エネルギーへの取り組みについてお話しください。

大田 我々は「水素社会」を、再生可能エネルギーを最大限に導入するために必要なエネルギーシステムと定義づけています。その実現のために、「点」と「面」の二つの取り組みを進めています。

「点」の取り組みは、水素の電力貯蔵で1年を通して再エネだけで暮らせる社会、エネルギー的に地産地消を実現することです。このために、自立型水素エネルギー供給システム「H2One™」を作りました。今は小規模なシステムですが、今後より大規模なシステムで、離島や過疎化した地域のエネルギー自立・地産地消を実現していきます。さらに将来的には、海外の砂漠地帯や無電化地域に分散型エネルギーシステムを普及していきたいと考えています。

２番目の「面」の取り組みは、水素サプライチェーンの構築です。CO_2を80％削減するためには、化石燃料は使わざるを得ない企業だけが使い、後はすべて再エネで賄《まかな》う状況になると考えています。再エネ発電は、今後電力抑制が増加します。これを水素の形で吸収し、再び電気に戻すだけでなく、熱やＦＣＶの燃料、化学原料などいろいろな用途に使っていけると思っています。

発電だけと思われていた再エネが、水素を通していろいろな形で使われる、これこそが「水素社会」です。

西脇　**大変夢のある取り組みですね。ビジネスとしてどう育てていきますか？**

大田　事業としては、①H2One関連、②福島プロジェクト（243頁参照）のようなＰ２Ｇ事業、③純水素燃料電池、の３本柱です。市場が立ち上がってくるまで、まだ時間が掛かりますが、国プロ等を活用して次のステップに向けて技術・ノウハウを蓄積していきます。

西脇　**課題は何でしょう？**

大田　何といってもコストですね。どの商品も出した途端に化石燃料との競争となり、コスト高で販売が伸びません。大量生産すればコストは大幅に下がりますが、それには販売量が増えなければなりません。「ニワトリと卵」の関係です。

ＦＩＴ導入で再エネ発電が急速に伸びたように、水素の環境価値にインセンティブを付与する仕組みを導入すれば効果は大きいと思います。この点、昨年（２０１７年）末に出された「水素基本戦略」の中で、水素の環境価値について検討を進めることが明記されており、大いに期待しています。

西脇　**東芝は昨年エネファームの製造販売から撤退しました。その理由は？**

大田　市場が求める性能・機能と価格のバランスがとれた商品をタイムリーに提供が出来なかったことが原因です。選択と集中の観点から撤退を決めました。

エネファームの製造はやめましたが、純水素燃料電池は先程の３本柱の一つとして注力しています。現在、小型～中型機を商品化していますが、来年中にはＭＷクラスの大型燃料電池を市場に出します。

西脇　**業務・産業用の中大型燃料電池はＳＯＦＣ型が主流ですが、御社はＰＥＦＣ型ですね。ＰＥＦＣ型はエネルギー効率が低い、白金触媒を使用するので大型化はコストが嵩む、といった問題がありますが……。**

大田　天然ガス使用の場合効率は低いですが、水素を直接使う純水素型は、ＳＯＦＣ同等の効率です。白金触媒については、エネファームで培った技術で白金の量を十分に減らしていますのでコストの問題はありません。

他方、ＰＥＦＣにはＳＯＦＣには無いメリットがあります。ＳＯＦＣは作動温度が高いので、起動・停止が機動的に行えないため、定常運転がメインとなり負荷追従はできません。これに対してＰＥＦＣは、需要に合わせて稼働することができるので、お客様にとってはトータルでエネルギー効率が高くなります。

西脇　**P2Gの取り組みでは欧州が先行しています。日本は後れを取っているのではないでしょうか？**

大田　確かに欧州（特に英国、ドイツ）はＰ２Ｇの取り組みが進んでいて、実証事業も数多く実施されています。背景には再エネ導入が進み、余剰電力問題が日本以上に大きな問題となっていることがあります。ただ、まだ実証段階にとどまっており、商用化ということでは我々の「H2One™」は現時点で唯一の市場商品です。

西脇　**最後にP2Gの意義についてお聞きします。**

大田　Ｐ２Ｇの最大の目的は、再エネを最大限導入し、同時に系統安定化をコスト（＝国民負担）をミニマイズしつつ達成することです。そのためには、市場規模の拡大、安い再エネ電力、これらを後押しする政策がパッケージとして備わってくる必要があります。

西脇　**本日はありがとうございました。「水素社会」の実現に向けた御社の事業展開に期待しています。**

2　海外から低コストのCO_2フリー水素を輸入

2050年までのCO_2排出量80％削減目標に向けて、化石燃料から水素エネルギーへ、思い切った転換が求められます。しかも、その水素は製造段階でもCO_2を排出しない「CO_2フリー水素」でなければなりません。大量のCO_2フリー水素が必要となりますが、国内生産のみでは到底賄いきれません。

また、CO_2フリー水素はコスト面でも割高です。海外から、低コストのCO_2フリー水素を、大量にかつ安定的に輸入することが必要となってきます。

世界で低コスト化が進む再生可能エネルギー発電——低コストの水素製造が可能に

CO_2フリー水素の製造は、現在の技術では、原子力利用を別にすれば①再エネ電力で水を電気分解する、②化石燃料の改質とCCS（Carbon dioxide Capture and Strage：CO_2回収貯留）を組み合わせる、のどちらかになります。まず①について見てみましょう。

日本では、再エネというと発電コストが高いというイメージが強いですが、海外では、再エネ発電のコスト低下が進み、いまや再エネ電力は安いというのが世界の常識となりつつあります。

国際再生可能エネルギー機関（ＩＲＥＮＡ）が２０１８年1月に発表したレポート「Renewable Power Generation Costs in 2017」によれば、太陽光発電コストは過去7年間で73％も低下し、現在（２０１７年平均）１ｋＷｈ当たり10米セント。今後2年以内に3米セントまで下がる可能性があると予測しています。天然ガス火力発電コストは6米セントから10米セントなので、これを下回ることは間違いないでしょう。風力発電（陸上）は現在でも6米セントで、すでに火力発電を下回っています。

前記の発電コストは世界の加重平均コストですが、日射量や風況などの自然条件が発電に適した地域では、コストはさらに下がります。太陽光発電では、中東、北アフリカ、モンゴル、南米、豪州北部等、風力発電では、カナダ北東部、アルゼンチン南部、アフリカ（大西洋岸、インド洋岸）等、水力発電では、ロシア（シベリア）、カナダ北部、ブラジル等が該当します。

実際に太陽光発電では、２０１６年5月、ドバイで１ｋＷｈ当たり3米セントで長期売電契約が成立、同年9月には、アブダビで2・42米セントの長期契約が成立したと報じられています。

また風力発電では、アルゼンチン南部のパタゴニア地方は年中強い風が一方向から吹くことで知られており、発電のポテンシャルは日本の総発電量の10倍、発電コストは１ｋＷｈ当たり2米セント程度と試算されています。この地方では、横浜国立大学（太田健一郎

【図表7-5】マガダン州（ロシア）とパタゴニア地方（アルゼンチン）

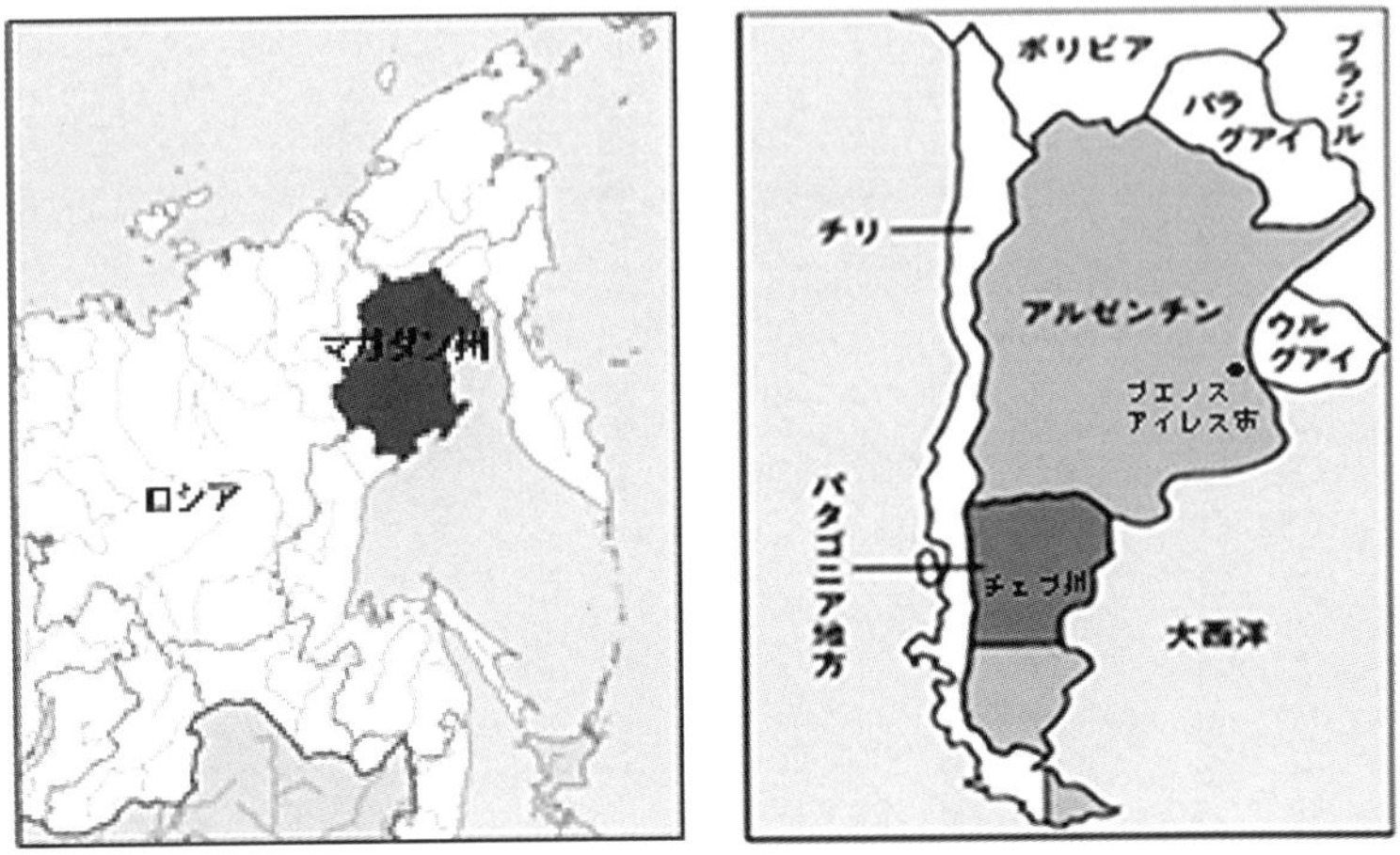

名誉教授）を中心とするチームによる風況調査が実施され、将来的には豊富な風力発電を使って水素を作り、日本に輸入するサプライチェーン構築の構想もあります。

水力発電では、ロシア極東のマガダン州は豊富な水力に恵まれ、州内の電力需要を上回る発電力があります。同州の電力系統システムは、ロシアの他の電力系統とは未接続であるため、余剰電力を有効活用できていない状況で、ロシア水力発電大手のルスギドロが余剰電力を使って水素を製造し、日本を含むアジアのマーケットに液化水素で供給するプロジェクトを検討中と伝えられています。

これらの地域では、設備さえ作ればいくらでも低コストで発電できます。

しかし、概してこうした地域では、電力

需要がそれほど無いか、あっても送電網が未整備といった問題があります。この豊富で安価な再生可能エネルギー電力を輸入できればベストですが、送電線の繋がっていない海外から電気を輸入することはできません。

そこでＰ２Ｇで水素に変換して、液化水素または有機ハイドライドで日本に持ってくることが考えられます。発電コストが３円を切るレベルであれば、電解装置や輸送手段の技術開発・コスト低減次第では、ロードマップの目標水素価格30円／N㎥も可能となります。

未利用化石燃料から低コスト水素製造

次に、②化石燃料の改質＋ＣＣＳについて見てみましょう。

海外から液化天然ガス（ＬＮＧ）を輸入し日本で改質して水素を製造するのと、海外で改質して製造した水素を液化して日本に運ぶのでは、水素の液化温度がＬＮＧよりはるかに低温なので、普通に考えれば技術的にもコスト的にもＬＮＧ輸入の方が有利なことは明らかです。

しかし、CO_2フリーにするためにはＣＣＳが必要ですが、日本にはCO_2貯留に適した場所があまりありません。したがって、大規模なＣＣＳを組み合わせた水素製造は、海外の方が立地の選択肢が広がります。

また海外には、褐炭**（注）**や焼却処分されている原油随伴ガスのように、経済価値の低い未利用エネルギーがたくさんあります。

これらを原料とすれば、極めて安価な水素を製造することができます。原油随伴ガスの場合は、CO_2を油井に圧入するEOR（石油増進回収法）が適用でき、この面でも経済的メリットがあります（CCSおよびEORについては第5章165頁参照）。

再エネ由来にしても、未利用エネルギー由来にしても、相手国にとっては、経済価値の低かった資源を新たに輸出する途が開かれることになります。また、大規模な水素サプライチェーンの構築は、発電設備、電解装置、天然ガス改質装置、水素液化設備（あるいは有機ハイドライド水素化装置）、積み出し荷役設備等のプラント建設を含む、一大プロジェクトですから、輸出国側に雇用増を含む大きな経済効果をもたらします。

その意味で、相手国政府（あるいはパートナー企業）とウィンウィンの関係を築きやすいと言えるでしょう。また、良好な関係を築くことがプロジェクトを成功に導く秘訣でもあります。

（注）褐炭は、石炭化度の低い、低品位の石炭。世界中に広くかつ大量に賦存するが、発熱量が低いため、エネルギーとしてはほとんど利用されていない。水分量が多く、そのままでは輸送に適さない。乾燥させると自然発火しやすく、やはり輸送は困難。

動き出した水素サプライチェーンプロジェクト

実際に、海外で未利用エネルギーから水素を作って日本に運ぶ実証事業が始まっています。ＮＥＤＯが進める「水素社会構築技術開発事業」で、海外と連携する水素サプライチェーンの構築に向けた二つの実証プロジェクトが動き出しました。

(1) 豪州の褐炭から液化水素を作り日本に運ぶ

その一つが、川崎重工、岩谷産業、電源開発の３社が進める「未利用褐炭由来水素大規模海上輸送サプライチェーン構築実証事業」です。

豪ビクトリア州ラトローブバレーは世界有数の褐炭炭田地帯です。埋蔵量は日本の総発電量の２４０年分という膨大なものですが、熱量が低くCO_2排出量も多いので、一部現地で発電に使っている以外には全く利用されていません。

この褐炭を使って水素を製造し、液化して液化水素運搬船で日本に運びます。３社の役割分担は、褐炭ガス化技術を電源開発が、液化水素の製造および荷役技術を岩谷産業が担当し、海上輸送は川崎重工が専用タンカーを建造して行います。日本側の受け入れ態勢は、神戸市の沖合に浮かぶ空港島に液化水素の荷揚げ設備・貯蔵設備を建設する計画で、これには前記３社に加えシェルジャパンも参加する予定です。

なお、水素製造過程で発生するCO_2はＣＣＳで、近海の古い天然ガス油田跡地に圧入・

貯留します。このプロジェクトは、豪政府とビクトリア州政府の全面的な協力のもとに進められており、ＣＣＳについては、豪政府がすでに具体的な検討を開始しています。

今後のスケジュールとしては、まず実証船を建造し２０２０年からCO_2フリー水素の海上輸送の実証を開始し、２０３０年に商用化を目指します。

商用段階では、大型運搬船２隻を就航させ、ＦＣＶ３００万台分（または１００万ｋＷ水素発電燃料相当分）の水素を日本に供給する計画です。水素コスト（ＣＩＦベース）はロードマップの目標である30円／Ｎ㎥を目指しています。

(2) 有機ハイドライド法によるサプライチェーン

もう一つは、千代田化工建設が三菱商事、三井物産、日本郵船と共同で進める「有機ケミカルハイドライド法による未利用エネルギー由来水素サプライチェーン実証事業」です。

東南アジアのブルネイで、三菱商事が出資するBrunei LNG の運営する天然ガス液化プラントで発生するプロセスガスを利用し、水蒸気改質で水素を製造。これをメチルシクロヘキサンに変換して日本に輸送します。

２０２０年から、実際に水素の輸送を開始し、実証段階ではＦＣＶ４万台分（２１０万トン／年）の水素を供給する計画です（プロジェクトの詳細については、次頁、千代田化工建設・遠藤氏のインタビューを参照ください）。

インタビュー

千代田化工建設株式会社
プロジェクト開発事業部　水素チェーン事業推進ユニットＧＭ　遠藤英樹さん
（遠藤さんは、ブルネイプロジェクトを共同で進める民間４社（前頁参照）が設立した次世代水素エネルギーチェーン技術研究組合の理事長を兼務されています）

西脇　御社は、有機ケミカルハイドライド法により水素の大量貯蔵および長距離輸送を可能とする「ＳＰＥＲＡ水素®」システムを開発されました。その概要と開発の経緯をお話しください。

遠藤　このシステムでは、まず水素をトルエンと化学反応させてメチルシクロヘキサン（ＭＣＨ）に変換します。
　ＭＣＨは水素ガスを５００分の１の体積の液体として貯蔵・輸送が可能です。輸送先の水素利用地で触媒反応によりＭＣＨから水素を分離、供給。同時に得られる

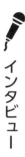

トルエンは、再びMCH生成の原料として利用します。MCH、トルエンとも常温常圧で液体であるため、貯蔵・輸送におけるハンドリングが容易です。

この有機ハイドライド法は、1980年代に、カナダの豊富な水力発電で水素を作り、ヨーロッパに海上輸送することを目的としたユーロ・ケベック計画の中で検討された技術ですが、水素分離に用いる触媒の劣化防止が難しく、実用化に至りませんでした。

当社は、2002年より開発に取り組み、長寿命かつ高性能の脱水素触媒の開発に成功しました。2013〜2014年に1万時間の小規模実証プラント運転を実施し、水素の95％以上を輸送可能であることを実証しました。

西脇　**次のステップとして、実際に海外から水素を輸入するサプライチェーンの実証プロジェクトをスタートされたのですね。**

遠藤　NEDO「水素社会構築技術開発事業／大規模水素エネルギー利用技術開発」プログラムに採択され、2015〜2020年度に、海外から水素を一定期間輸入するサプライチェーン実証を実施中です。

具体的には、ブルネイのLNGプラントで発生するプロセスガスを利用し、水素を製造。これをMCHに変換して、日本に海上輸送します。川崎臨海部に脱水素プラントを建設し、取り出した水素は同じく川崎臨海部にある東亜石油のガスタービン発電の燃料とする計画です。

国際間の水素サプライチェーンの実現に関しては、当社の水素技術に加え、国際間エネルギー取引のさまざまな知見、安定的に輸送を継続する海運の知見などが必要になることから、本プロジェクトには、当社のほか、資源に強い三菱商事と三井物産、海上輸送を担当する日本郵船が共同参加し、「次世代水素エネルギーチェーン技術研究組合」（略称ＡＨＥＡＤ）を設立し実証事業を行っています。

本プロジェクトは、ＮＥＤＯの助成と、川崎市およびブルネイ政府のご協力をいただいています。ブルネイに建設する水素化プラントと川崎の脱水素プラントを２０１９年末までに完成させ、２０２０年には最大２１０トン（ＦＣＶ４万台分）の水素を供給する予定です。

西脇　**大規模な海上輸送による水素サプライチェーンが実現すれば、世界初の快挙ですね。有機ハイドライド法の課題は何かありますか。**

遠藤　商用レベルまでのスケールアップ検討、サプライチェーンの最適化、さらなる高効率の触媒開発など、商用レベルの実現にはさまざまな課題や検証必要項目があり、今回の実証事業を通じて課題解決を行いたいと考えています。

また、有機ハイドライド法が持つ課題の一つとして、システム全体のエネルギー効率向上が必要と考えています。水素化反応は発熱反応、脱水素反応は吸熱反応であり、効率的な熱マネジメントによってエネルギー効率を向上できれば、日本に輸入する水素コストも、CO_2排出量もその分減少します。

脱水素側では、固体酸化物形燃料電池（SOFC）と組み合わせ、SOFCで発生する熱を脱水素反応で利用する。水素化側では、将来的に再生可能エネルギー由来の水素を製造する次世代型の高温水蒸気電解（SOEC）と組み合わせ、水素化反応で発生する熱をSOECに供給することなどが考えられます。

西脇　SPERA水素を、今後のビジネスにどのように活かしていきますか。

遠藤　国の「水素・燃料電池戦略ロードマップ」では、フェーズ2として、2020年代後半から2030年頃にかけて大規模な水素供給システムの確立を目指しています。

当社はこれに沿って、長期的なスタンスで開発に取り組んでいます。ビジネス化も長い目で見ていく必要があります。

当社は2017年現在、NEDOプロジェクトを4件実行中です。一つは今お話しした「海外からのサプライチェーン」。二つ目は「再生可能エネルギーの水素利用」（P2Gの実証）。三つ目は「水素ステーション向け小型脱水素装置」。四つ目は、「水素分離膜型脱水素装置開発」という、将来のコストダウンを目指した新技術開発も行っています。

　この中では、三つ目の水素ステーション向けは、ＦＣＶの普及が進み水素需要が拡大する段階で、大量輸送が容易なＳＰＥＲＡ水素への期待が高まり、水素ステーションに配備できるような、コンパクトで低コストの脱水素設備を開発できれば、比較的早期にビジネス化できるでしょう。

西脇　水素社会の実現に向けて、ＳＰＥＲＡ水素が今後広く活用されることを期待します。本日はありがとうございました。

第8章
水素社会の実現を目指して

1　水素社会実証プロジェクトが花盛り

自治体が中心となって、水素関連技術を持つ企業等と共同で、水素社会の実証プロジェクトが全国で数多く実施されています。

実証事業は、これまで個々に開発されていた水素の要素技術を、一連の流れ（チェーン）として実運用するというところに意味があります。実社会の中で実際に稼働させることで、行政や企業の側からだけでなく、一般消費者の視点も含め、さまざまな課題が浮かび上がり、本格的な水素社会構築に向けて有用な道標となります。

また、参加する企業にとっては、実証事業の中から新しい技術やサービスのシーズが生まれ、新たなビジネスチャンスに発展することも期待されます。

ここでは、代表的な実証プロジェクトをいくつか紹介します。

世界初の水素社会実証プロジェクト「北九州水素タウン」

水素社会実証の草分けともいえるのが、「北九州水素タウンプロジェクト」です。

このプロジェクトは、福岡県、北九州市と、民間企業13社が参加する水素供給・利用技術研究組合が協力して、経済産業省の「水素利用社会システム構築実証事業」の一環とし

【図表8-1】北九州水素タウン実証プロジェクト

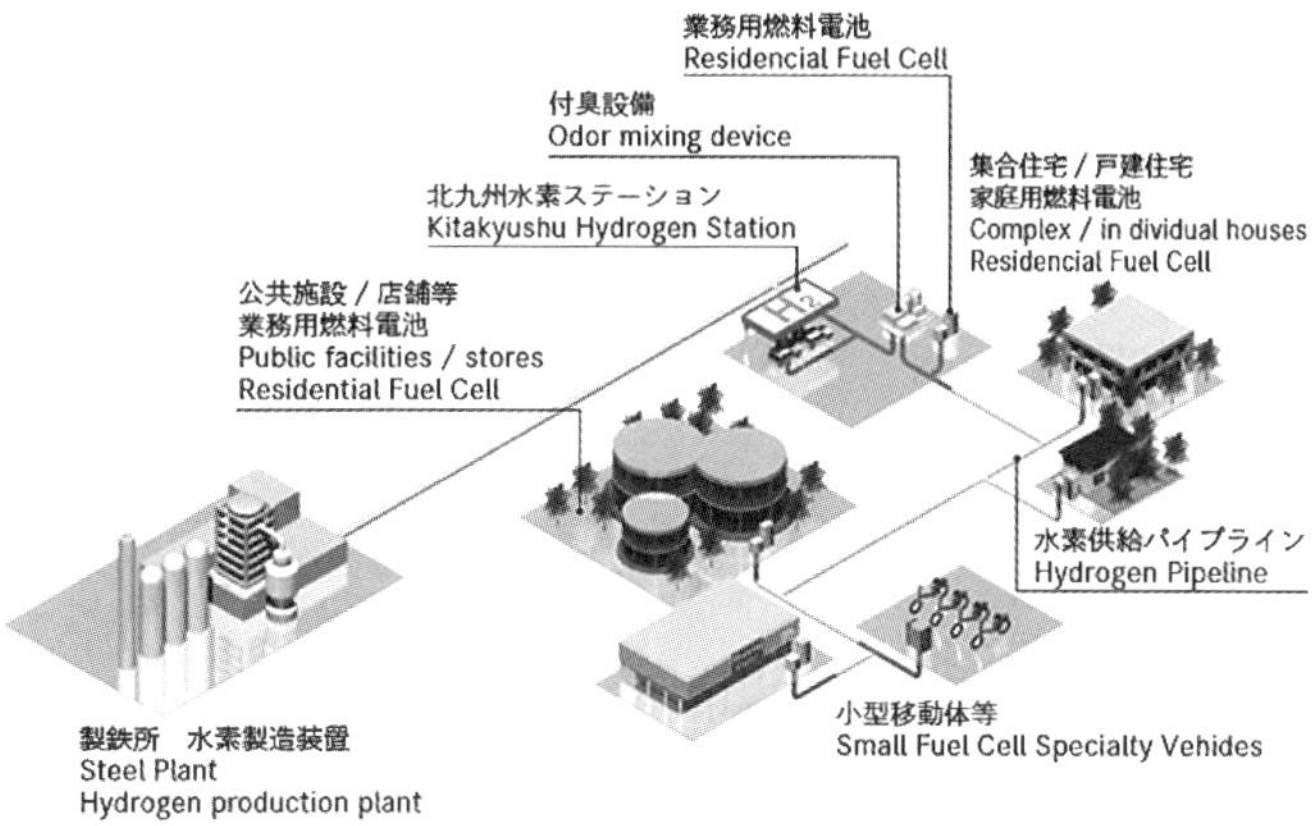

出典：福岡水素エネルギー戦略会議

て実施してきたものです。

製鉄所から発生する副生水素を用いる「北九州水素ステーション」（北九州市八幡東区東田）から、近隣の集合住宅・戸建住宅や商業施設、公共施設まで、パイプラインを敷設して付臭された水素を供給し、家庭用・業務用の純水素型燃料電池の運転実証試験、燃料電池と太陽光発電や蓄電池との連携運転による電力供給システムの検証等を行います。

また、パイプラインによる水素供給の事業化の観点から必要となる「安定供給」「安全性確保」「適切な課金方法」の見通しを得るため、水素を安全に利用するための付臭・脱臭技術、水素に課金するための水素ガス計量システム、純水素型燃料電池の運用性等についての検証も行います。

市街地を経由するパイプラインによる水素供給と、本格的なコミュニティ規模での純水素型燃料電池の運転実証は世界初となるものです。

福岡県は、水素エネルギー関連企業が集積しており、行政や大学等の研究機関も含め、早くから研究開発を行ってきた水素エネルギー先進地域です。水素社会の実現に向け、全国に先駆けて、産学官で設立した「福岡水素エネルギー戦略会議」には、水素エネルギーに関心を持つ８００を超える企業・機関が名を連ねています。

環境先進空港を目指す「関西国際空港スマート愛ランド構想」

関西エアポートが運営する関西国際空港（略称：関空）は、２０１３〜17年度の5年間「関西国際空港（ＫＩＸ）スマート愛ランド構想」を推進してきました。コンセプトは、クリーンエネルギーの活用とエネルギー効率の向上により、人と地球にやさしい「スマート」なエアポートを目指すことです。

具体的には、

- 空港ターミナルビル等への水素エネルギーの供給
- ＦＣＶ、ＦＣリムジンバスの導入、関空・伊丹に水素ステーション整備
- ＦＣフォークリフト導入、将来的に関空の全構内車両について完全ＦＣ化を目指す
- これらに加えて、再生可能エネルギー事業を順次展開し、空港島の全エネルギーの見え

【図表8-2】KIX水素グリッド（イメージ）

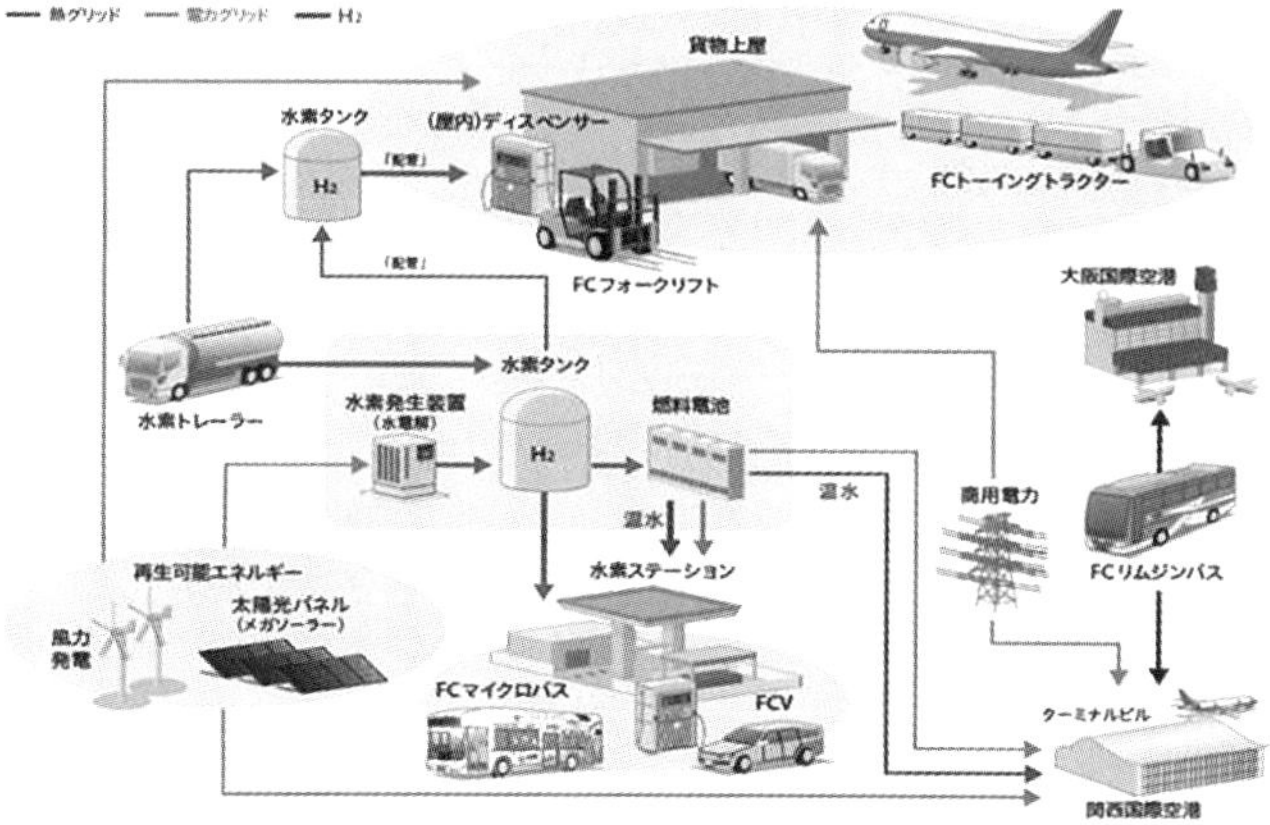

出典：関西エアポート「クリーンエネルギーを活用した関西国際空港スマート愛ランド推進計画について」

る化システムを整備すること

さらに、これら空港の次世代エネルギー活用モデルや水素関連のシステム・アプリケーションをパッケージとして、海外の空港に売り込んでいくことも構想の中に含まれています。

京浜臨海部「低炭素水素」活用の実証プロジェクト

都会の青果市場や物流倉庫を舞台とした実証事業も動き出しています。

神奈川県、横浜市、川崎市、民間6社（トヨタ、岩谷産業、東芝、豊田自動織機、トヨタタービンアンドシステム、日本環境技研）が、環境省「地域連携・低炭素水素技術実証事業」の委託を受け、京浜臨海部における水素サプライチェーンモ

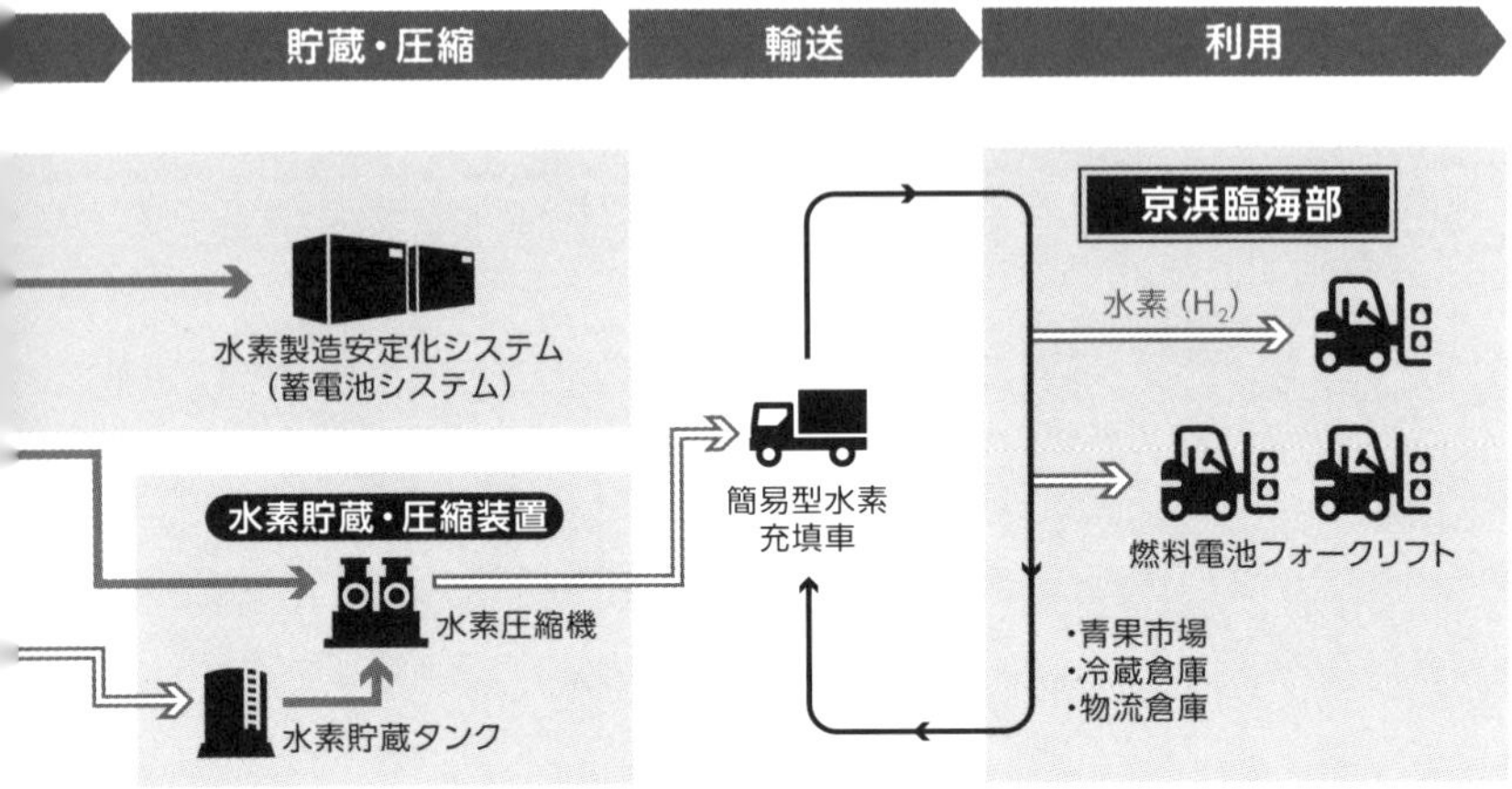

デルの構築を図る実証プロジェクトが、２０１７年７月より運用開始しました。

実証では、横浜市所有の風力発電所「ハマウィング」（出力１９８０ｋＷ）の電力で水を電気分解して水素を製造し、貯蔵・圧縮するシステムを整備します。

圧縮水素を、簡易型水素充填車により輸送し、横浜市内や川崎市内の青果市場や工場・倉庫に導入した燃料電池フォークリフトで使用するといったサプライチェーンの構築を目指しています。水電解装置は東芝製、燃料電池フォークリフトは豊田自動織機製、水素の貯蔵・圧縮・輸送システムは岩谷産業が担当します。

これにより、従来の電動フォークリフトやガソリンフォークリフト利用時と比べ80％以上のCO_2削減が可能になると、神

【図表8-3】京浜臨海部での「低炭素水素」活用実証プロジェクト

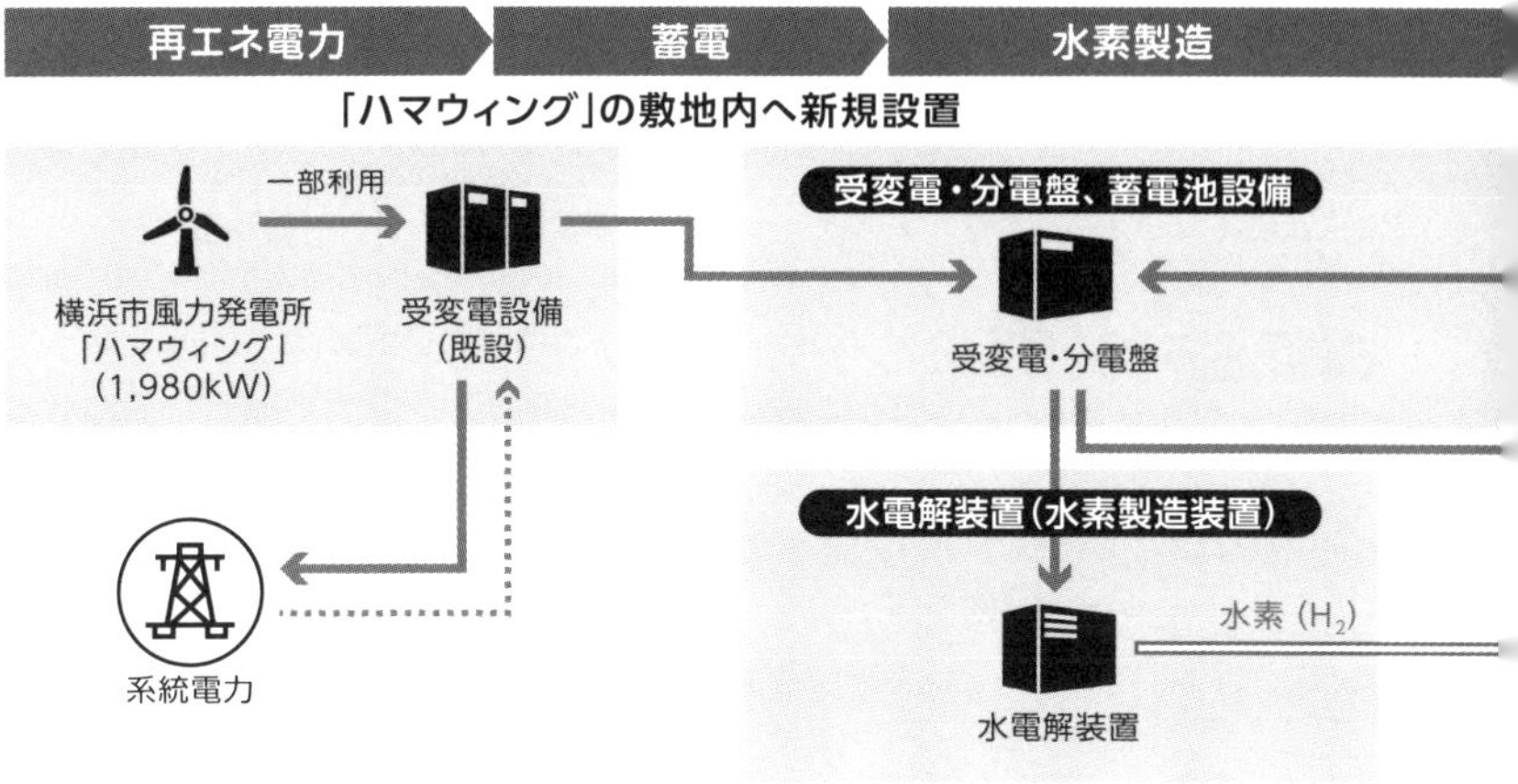

出典：環境省報道発表資料（2017.7.12）

奈川県では試算しています。

この実証を通じて、将来の普及展開モデルを見据えたコスト試算やCO_2削減効果等を検証することも目的となっています。

宮城県富谷市における低炭素水素サプライチェーン構築プロジェクト

宮城県中部に位置する富谷市で、規模は小さいですが、一般家庭を対象としたユニークな地産地消型の水素サプライチェーンの実証が進行中です。

富谷市が日立製作所、丸紅、みやぎ生活協同組合（みやぎ生協）と共同で進めるこのプロジェクトでは、まず太陽光発電の余剰電力で水素を製造します。

製造された水素は、水素吸蔵合金カセットに貯蔵された上で、みやぎ生協組合員の

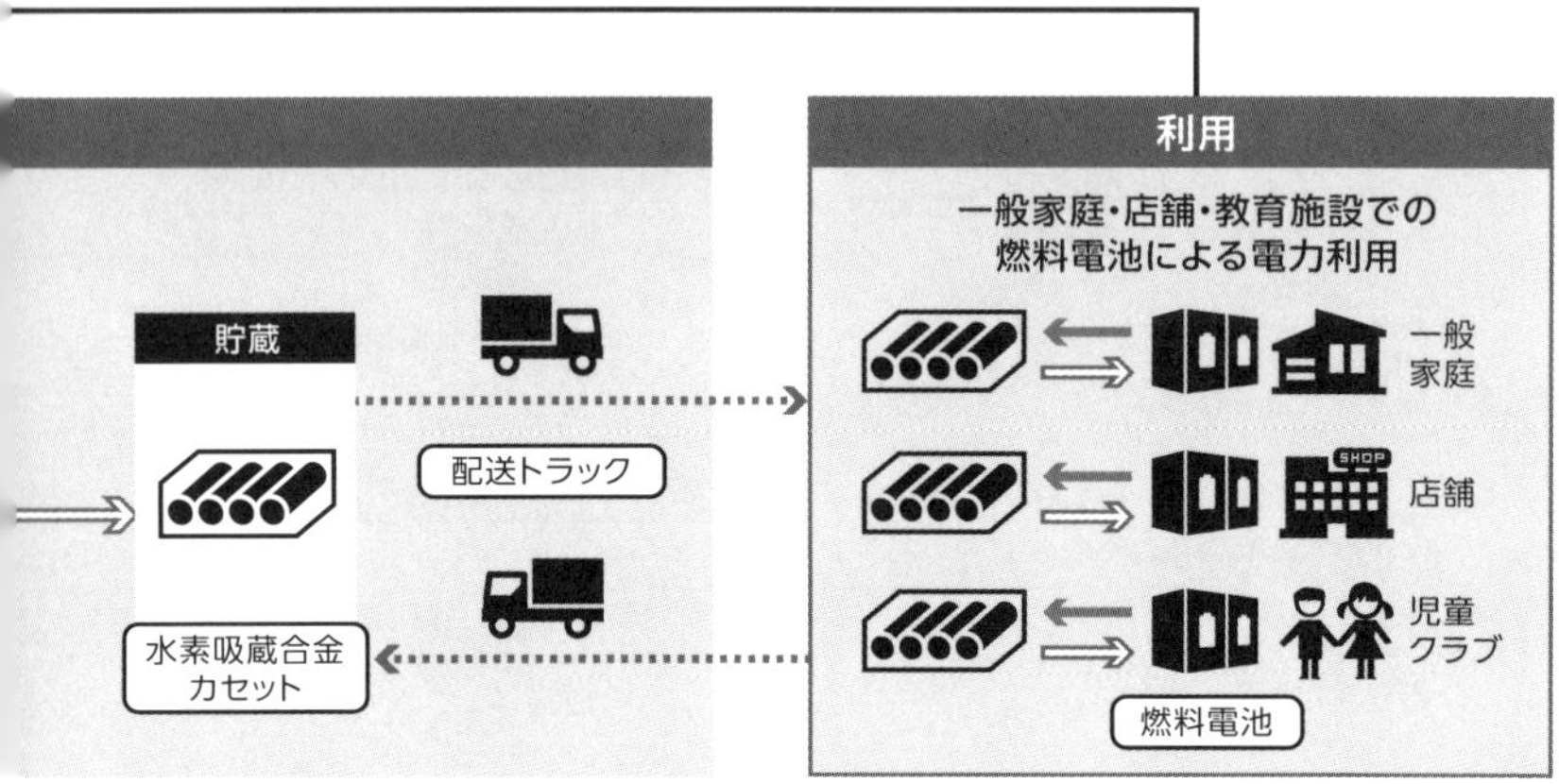

家庭に他の購入商品とともに配達されます。利用者は、水素吸蔵合金カセットを純水素燃料電池に取り付け、電気や熱に変えてエネルギーとして利用します。

本実証は、既存の物流ネットワークを活用するため、低炭素・低コストで水素を輸送することが可能です。

また、各家庭の燃料電池に貯蔵された水素は、太陽光による発電電力が減少する夕方から夜間にかけて利用することを想定しており、エネルギーを効率的に利活用することができます。

この地産地消型水素サプライチェーンの実証成果は全国への展開が可能であり、民生向けの水素利用の拡大や、CO_2排出削減への貢献が期待されます。

参加企業の役割分担は以下のとおりで

【図表8-4】富谷市における「低炭素水素」サプライチェーン構築プロジェクト

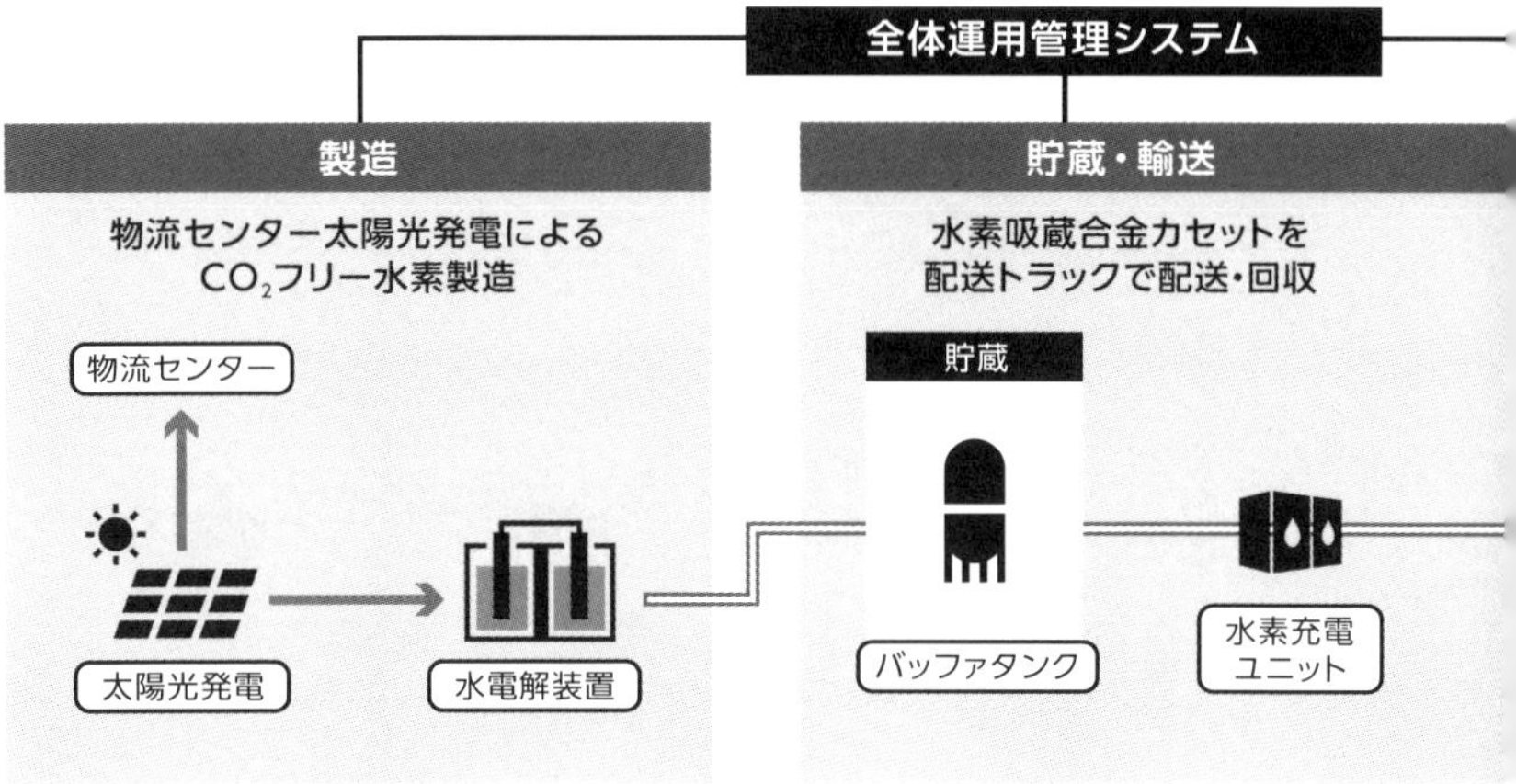

出典：富谷市報道発表資料（2017.8.4）

す。

日立は、本実証の取りまとめ企業としてシステム全体を設計し、水電解装置や燃料電池などの主要機器を調達・据付するとともに、需給バランスを保ちながら水素貯蔵・配送計画を行う全体運用を管理します。

丸紅は、事業化する上での経済性などの課題を抽出し、課題解決に向けた施策を提言します。

また、みやぎ生協は、顧客に水素吸蔵合金カセットを配達する等、水素サプライチェーンの実運用を担います。

福島新エネ社会構想

震災から５年を経過した２０１６年３月、政府は「福島新エネ社会構想」を立ち

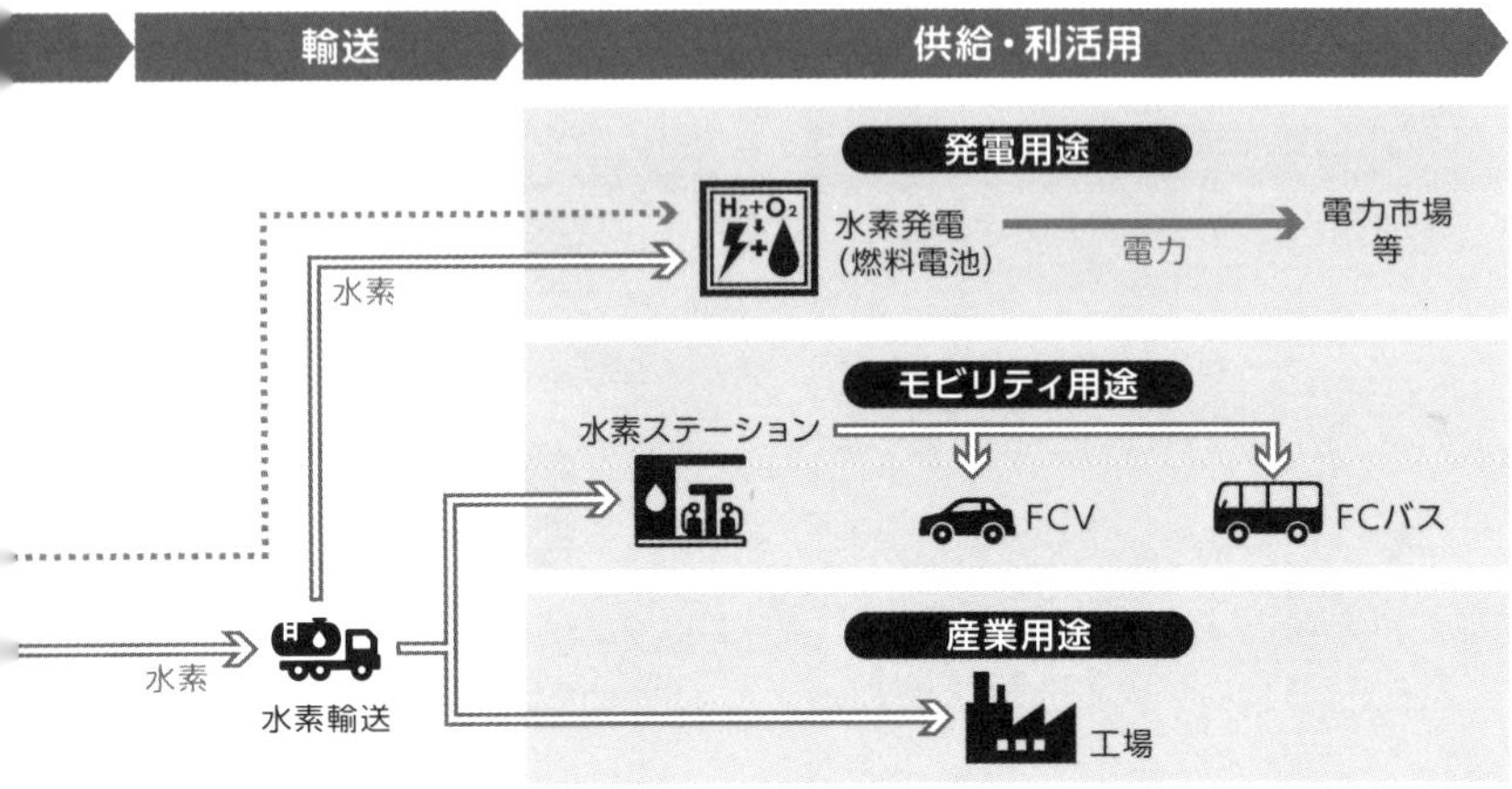

上げました。再エネと水素エネルギーを二本柱に、福島県を未来の新エネルギー社会実現に向けたモデル拠点とすることを目指す構想です。

その中核プロジェクトとして、世界最大級（1万kW規模）の再エネ電力を用いた水素製造工場を福島県浪江町に建設し、2020年をめどに実証運転を行う計画です。この事業では、再エネの導入拡大を見据えた、電力系統の需給バランス調整（デマンドレスポンス）のための水素活用事業モデルおよび水素販売事業モデルを確立させることを目的としています。

具体的にシステム開発を行うのは、新エネルギー・産業技術開発機構（NEDO）「水素社会構築技術開発事業／水素エネルギーシステム技術開発」の委託を受けた、

【図表8-5】社会実装時点を想定した「福島モデル」の概念

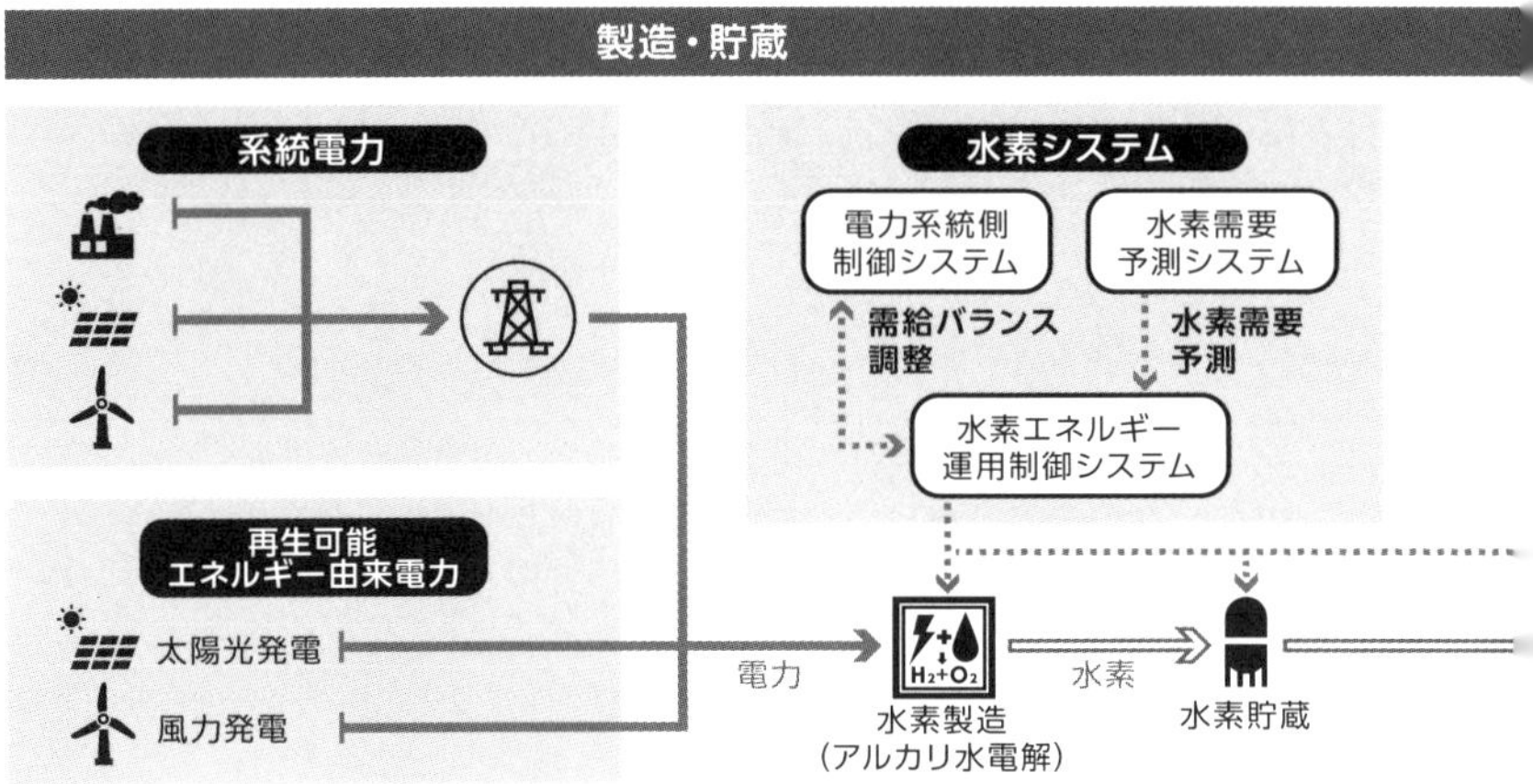

出典：NEDOニュースリリース（2017.8.1）

東芝、東北電力、岩谷産業の３社です。東芝がプロジェクト全体の取りまとめを、東北電力は系統側の安定運用の検証を、岩谷産業は水素の貯蔵・輸送を担当します。

東京都と福島県は、CO_2フリー水素の活用に向けた基本協定を２０１６年に締結しています。東京２０２０オリンピック・パラリンピック競技大会では、本プロジェクトのCO_2フリー水素を、競技場・選手村のエネルギーやＦＣＶ・ＦＣバスの燃料に活用する計画が進んでいます。浪江町に建設される水素製造工場は、その供給源としても期待がかかります。

福島県は、「２０４０年頃をめどに県内の一次エネルギー需要量の１００％以上に相当するエネルギーを再エネから生み出す」という目標を掲げています。

「福島新エネ社会構想」は、こうした福島県の目標を政府も後押しして、同県の再エネ由来水素を県外でも活用していくための道筋を示したものと言えます。

2　東京オリンピックが水素エネルギー技術の見本市に

水素社会実証プロジェクトが全国で数多く実施される中、最大の実証プロジェクトが、東京２０２０オリンピック・パラリンピック競技大会を舞台に行われようとしています。世界の注目が集まるオリンピックは、日本の水素技術をアピールする絶好の場でもあります。水素関連企業にとっては、最新の技術や製品をお披露目する見本市会場ともなります。

政府は、２０２０年東京オリンピック・パラリンピックまでに水素インフラを整備し、水素エネルギーシステムを実現することで、「水素社会」の価値を世界に発信していく方針を打ち出しています。そのために必要となる規制緩和や制度改革については前向きに進めていく方針です。

東京都は「水素社会の実現に向けた東京戦略会議」を立ち上げ、水素エネルギーの普及に向けた具体的な取り組みや数値目標を取りまとめました。

その中で、東京オリンピック・パラリンピックでの活用に向けた環境整備の方向性として、以下の３点を挙げています。

①安全対策を着実に実施しながら、水素エネルギーを都市づくりに組み込むことにより、環境にやさしく災害に強い都市の実現を目指す。

②CO_2フリー水素も先駆的に活用するなど、環境と調和した未来型都市の姿を世界に発信していくとともに、改めて日本の高い技術力を世界に印象づけていく。

③水素エネルギーの多角的な活用による日本のエネルギー構造の変革や低炭素社会の構築に向けて、長期的な視点になって着実に布石を打つ。

また、具体的な数値目標として、東京オリンピック・パラリンピックでの活用に向けた２０２０年までの目標と、２０２０年以降の普及拡大期を見据えた２０３０年の目標を示しています。２０２０年（《　》内は２０３０年）の数値目標は次の通りです。

- ＦＣＶ…………６０００台《20万台、バスを含む》
- ＦＣバス…………１０００台以上
- 水素ステーション…35ヶ所整備《１５０ヶ所》
- 家庭用燃料電池……15万台《１００万台》

大会期間中は、競技施設や食堂施設に大型燃料電池を、選手村の宿泊棟各戸には家庭用燃料電池を設置して、熱と電気を供給することが決まっています。

大会運営用の輸送手段としては、ＦＣＶやＦＣバスが活躍します。また、来日観光客用に、燃料電池観光バスや燃料電池観光船も計画されています。来日する選手、役員、報道陣、一般観光客に「水素社会」を実感してもらうのが狙いです。

大会終了後に、晴海地区の選手村は「水素タウン」として再整備されます。新たに超高層住宅棟２棟が追加され、約６０００戸の住宅と商業施設や学校も整備された新しい街に生まれ変わります。

域内に水素ステーションを設け、水素パイプラインも張り巡らせ、大会を機に普及させる燃料電池バスや、各戸に設置された燃料電池に水素を供給します。

このプロジェクトは、東京オリンピック・パラリンピックのゴールドパートナーの一社である三井不動産が中心となり、住友不動産、三菱地所レジデンス等、日本を代表するマンション事業者11社と、東京ガス、ＪＸＴＧエネルギー等のエネルギー事業者が参加する、オールジャパン体制で進められています。

これらの目標や計画は、東京都が勝手に決めたものではありません。東京戦略会議のメンバーには、水素関連企業からも多くの民間委員が参加しています。数値目標は、官民共同で練り上げた工程表と言ってよいでしょう。

東京都の計画以外にも、オリンピック・パラリンピックに向けた実証プロジェクトがいくつも動き出しています。前掲の福島新エネ社会構想では、浪江町に建設される水素製造

【図表8-6】東京オリンピック・パラリンピックにおける「水素タウン」の実証イメージ

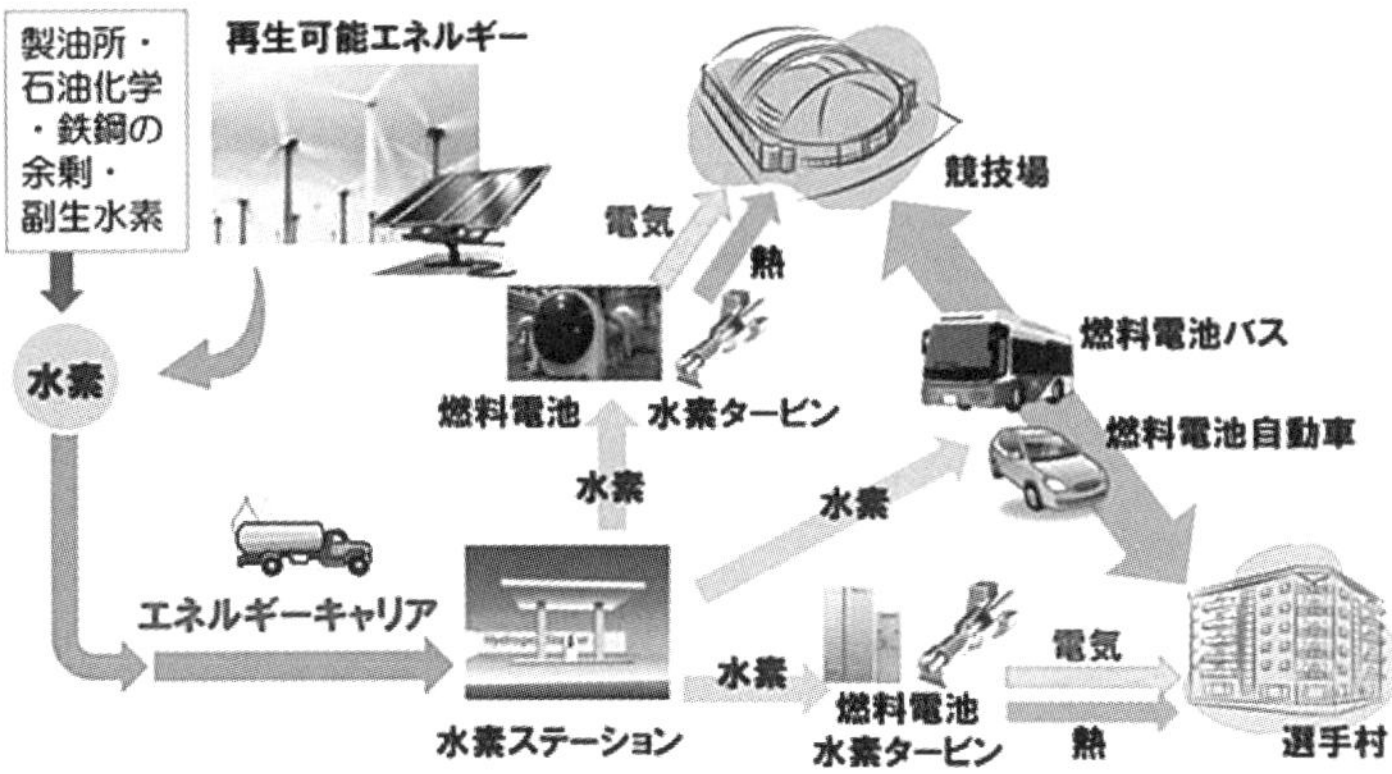

出典：内閣府

【図表8-7】大会後の選手村「水素タウン」のイメージ

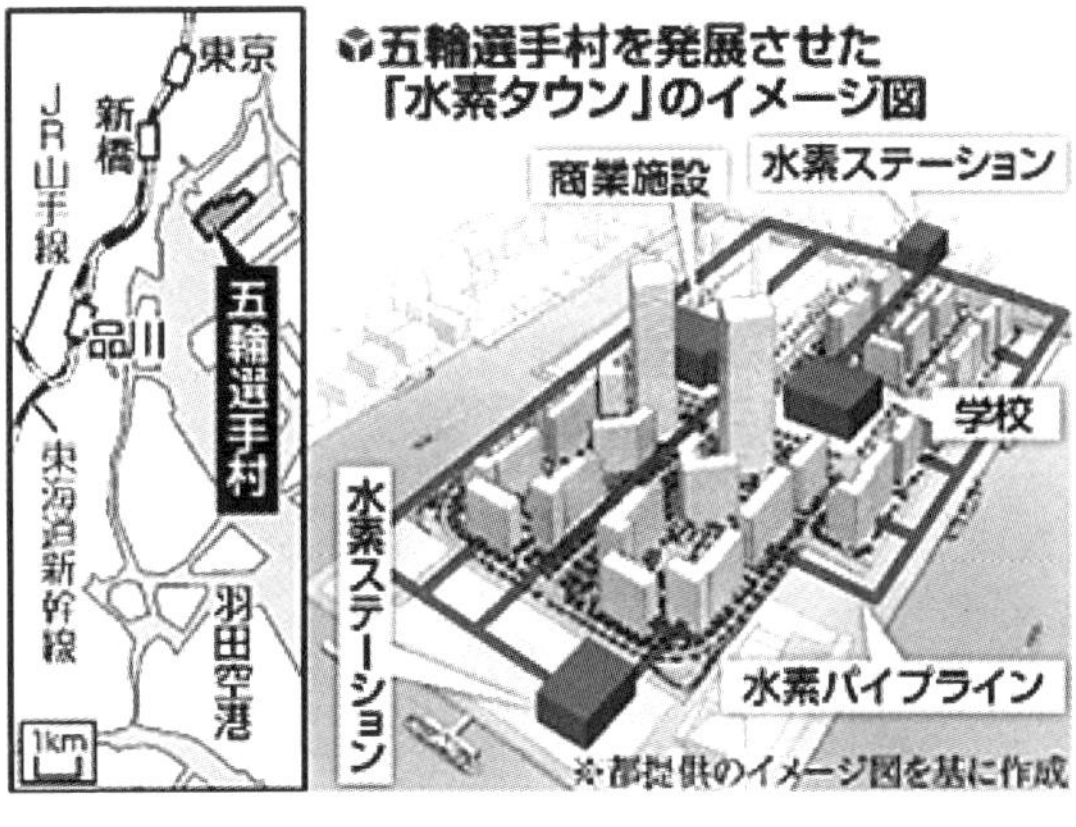

出典：YOMIURI ONLINE（2017.1.5）

工場で製造する再エネ由来のCO_2フリー水素を、競技施設・選手村のエネルギーやFCV・FCバスの燃料に活用する計画です。

また、第7章で紹介した豪州およびブルネイからの「水素サプライチェーン」実証プロジェクトも、東京オリンピックに間に合わせ、2020年運用開始を目標としています。

このように、東京オリンピック・パラリンピックは、水素エネルギー技術開発や実証プロジェクトの起爆剤となっています。2020年は「水素社会の実現」に向けた重要な一里塚となるでしょう。

3　水素を核とする未来のエネルギー社会

「水素社会」は実現するか?

20年後・30年後、日本のエネルギー社会はどのような姿になっているでしょうか。「水素社会」は果たして実現するのでしょうか。

水素社会の実現には、懐疑的な見方も少なくありません。その理由は主に二つあります。

一つは、エネルギー効率。化石燃料を改質して作った水素は、元の化石燃料に比べエネルギー量は目減りします。化石燃料のまま使った方が効率が良いことは自明です。水の電気分解の場合は、①電気分解で75～80％、②作った水素を燃料電池に入れての発電で40～55％。電気として使えるのは①×②＝30～44％に減ってしまいます。

二つ目は、コスト高。ＦＣＶ、水素ステーションをはじめ、水素の利活用・製造・運搬等、水素に関連するものはすべてコスト高で、広く普及するとは思われないというものです。

後者については、高度成長期の三種の神器（テレビ、洗濯機、冷蔵庫）や３Ｃ（自動車、カラーテレビ、クーラー）なども、当初は大変高価でしたが、普及が進むにつれ急速に価格が低下したことが参考になるのではないでしょうか。

最近の例では、再エネ発電が挙げられます。太陽光発電のコストは、つい10年前には通常の火力発電の４～５倍でしたが、現在では２倍以下に、海外では火力発電並みに下がってきています。技術開発途上の工業製品は、技術革新によって大幅にコストが下がることはよくあることです。

普及段階に入れば、量産効果によってもコストが下がります。家庭用燃料電池では、すでにその兆候が出始めています。

前者の「エネルギー効率」は、確かにどんなに技術を高めても、元の化石燃料を超えることはできません。

ただ、水素社会で水素に期待する役割は、化石燃料に代わるエネルギーということだけではありません。エネルギーの貯蔵・運搬を担うエネルギーキャリアとしての役割、さらには、このエネルギーキャリア機能と再エネ発電を組み合わせることにより、出力不安定な再エネ発電の導入量を大幅に拡大することができます。余剰電力で水素を製造する限りは、エネルギー効率はむしろ向上します。

「水素社会」を、単純に化石燃料に代わって水素エネルギーが主役となる社会と考えると、それは実現しないでしょう。

しかし、エネルギー利用の最適化と低炭素化を実現するために、水素エネルギーの機能を最大限活用する社会と考えれば、「水素社会」は実現できます。また、実現させなければなりません。

2050年$CO_2$80％削減に向けて

2050年にCO_2排出量を80％削減させるために、何が必要かを整理してみましょう。化石燃料の使用量は、当然ながら現在の2割以下へと減らさなければなりません。それには、以下の3つの対策が必要と考えられます。

①徹底した省エネの実施により、最終エネルギー消費の絶対量を大幅に削減する。
②最終エネルギー消費に占める電力の比率を大幅に高める。
③電源別には、再エネを主体とする電源構成に。

まず第一が「省エネ」です。「日本は世界一省エネが進んでいるから、もうこれ以上の省エネは難しいのでは？」と思われるかもしれません。

確かに、80年代後半から90年代にかけて省エネが停滞した時期もありましたが、最近はふたたび省エネのペースが上がっています。２００５～２０１５年の10年間で一人当たり最終エネルギー消費量は約13％減少しました。このペースが続けば、２０５０年までの35年間で39％減少します。控えめに見ても30％程度の削減はできそうです。

主な省エネ項目としては、運輸部門ではガソリン車の燃費向上や電動車（ＥＶ／ＰＨＶ／ＦＣＶ）へのシフト、家庭部門・業務部門では、ＬＥＤ照明化、ＺＥＨ／ＺＥＢ（ネットゼロエネルギー住宅／ネットゼロエネルギービル）化などが考えられます。

加えて、日本はこれから人口が減少していきます。内閣府発表の「平成29年版高齢社会白書」によれば、２０５０年の推定人口は１億１９２万人で、これは、２０１５年に比べ20％の減少です。エネルギー消費量は人口に比例すると考えれば、自然体で20％減少します。ここに先ほどの30％省エネ（人口が80％に減るので、エネルギー削減量としては30％×80％＝24％）が加われば、２０５０年の最終エネルギー消費量は、今より44％削減することが可能となります。

第二に、最終エネルギー消費に占める電力の割合を大幅に引き上げることです。

図表８‐８の通り、現在は電力の割合が約４分の１です。残る４分の３のうち、ガソリン・

【図表8-8】二次エネルギー（最終消費）の構成比（2014年度）

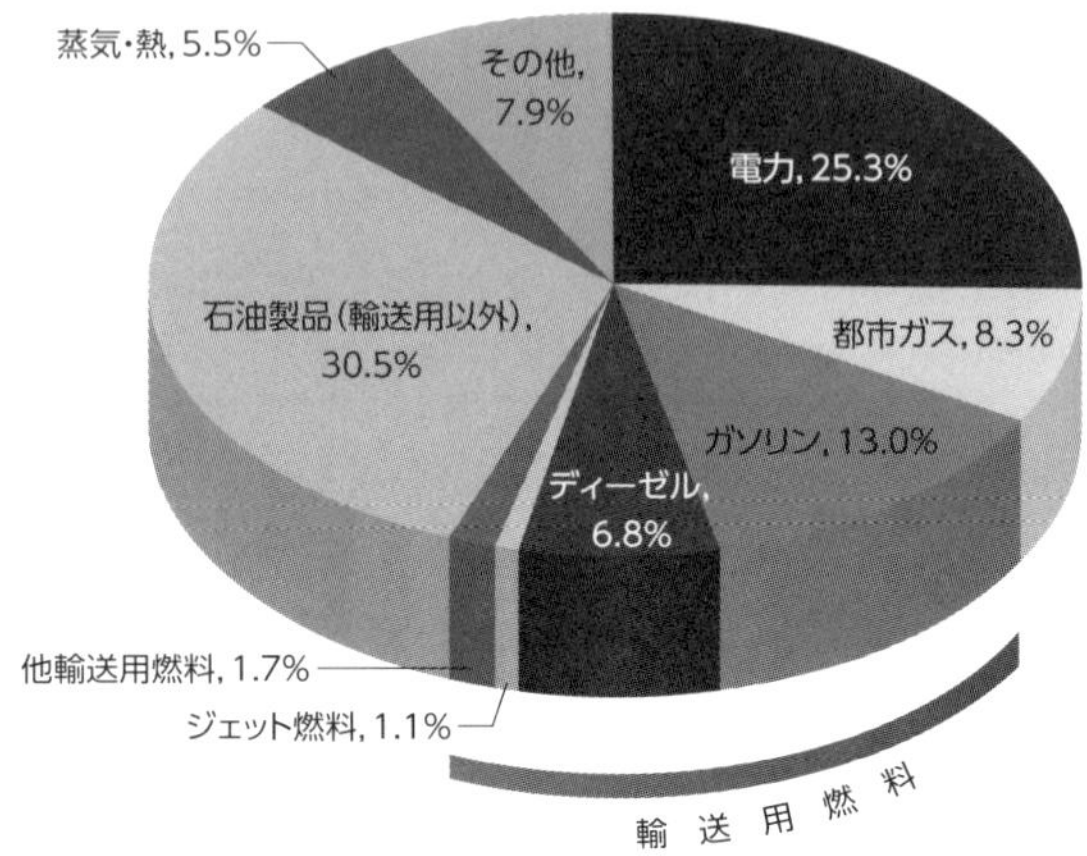

出典：資源エネルギー庁「総合エネルギー統計」

ディーゼルなどの輸送用燃料が4分の1を占め、残りの大部分は、都市ガスや輸送用以外の石油製品など、化石燃料を燃やして、熱や動力として利用するものです。

化石燃料の使用は最小限に絞り込まなければなりません。輸送用燃料は、自動車のEV／FCVシフトを進め、電力や水素エネルギーに変えていきます。熱利用や動力も、可能な限り電力に切り替えます。熱利用では、バイオマスや太陽熱、地中熱等自然エネルギーの活用を最大限図ることや、発電時の排熱を利用する分散型コジェネ（熱電併給）方式の発電を大幅に増やしていくことも選択肢です。

燃料電池の普及拡大は、この点で優先度の高い施策です。

最終的には、電力の比率を8割程度まで

高め、化石燃料の比率は２割以内に抑え込む必要があります。

第三に、電源構成を再エネ主体に切り替えていくことです。消費エネルギーを化石燃料から電力に切り替えても、その電力を化石燃料で発電していてはＣＯ₂は減りません。２０１５年度の電源構成は、化石燃料による火力発電が84％を占め、ＣＯ₂を排出しないゼロエミッション電源は原子力１％と再エネ15％の合計16％にすぎません（出典：電気事業連合会）。

この比率を逆転させなければなりません。原子力は40年ルールを厳格に守るとすれば、新規に原発を建設しない限り、２０５０年には稼働できる原発はなくなります。となると、現在利用可能な技術では再エネしかありません。２０５０年には、少なくとも80％以上を再エネ発電とする必要があるでしょう。

「水素社会」が日本のエネルギーの未来を拓く――再エネ比率向上のカギ

未来のエネルギー社会では、電力が中心となります。そして、その大部分は再エネ発電によるものです。その意味で、未来のエネルギー社会の主役は、再エネ発電と言ってよいでしょう。

現在の電力システムは、都会から遠く離れた巨大発電所で集中的に発電し、高圧送電線で都会の需要地に送電し、消費者は一方的に送られてくる電気を使用します。しかし、未来のエネルギー社会では、いたるところに分散型の再エネ発電設備があり、自宅にも太陽光パネルや燃料電池が設置され、発電を身近に感じられます。

また、一方的に送られてくる電気を使うのではなく、自ら発電した電気を使う、余剰電力を売電する、節電分をネガワット取引（注）で売る等、主体的に行動するようになります。

その結果、消費者の節電・省エネマインドが高まり、従来供給側が一方的に行っていた需給調整を、需要側も加わって行うようになり、システム全体のエネルギー効率が高まります。

一方で、従来の集中型電源をベースにした一方通行型電力システムに比べると、電力供給の大部分を分散型で出力不安定な再エネに依存する電力システムは、運営の難易度が極めて高くなります。

精緻な天候予測に基づく発電量予測や電力需要予測、それらをベースに機動的な需給調整を行うことが求められ、高度なＩＣＴ（情報通信技術）と、需給調整を可能とする仕組みや設備が必要となります。

その仕組みの最強のものが「水素社会」なのです。再エネを電源構成の中核に据えることは、水素社会と一体でなければできません。

また、国内で再エネ発電が十分でない時は、海外から輸入することになりますが、この時も、水素がエネルギーキャリアとして機能します。

未来のエネルギー社会で、主役の再エネ発電を最大限働かせるのが「水素」の役割です。サッカーで言えばミッドフィールダー、バレーボールならセッターのような、ゲームを作る、最も重要なプレーヤーです。

四十数年前日本は、オイルショックで先進国中で最も深刻な打撃を受けました。この危機を、官民一体となって、政策や技術を総動員して乗り越えてきました。この時取り組んだ省エネ技術は、ガソリン効率のよい自動車や省エネ家電などを産み出し、日本の製造業を世界最高レベルに押し上げました。まさにピンチをチャンスに変えたのです。

今また、原発に多くを頼れない中で、CO_2を大幅に削減しなければならない、という大きな困難に直面しています。オイルショックの危機を乗りきった日本は、今回も必ず乗り越えられます。

産官学の総力を挙げて技術的、経済的な課題に取り組み、低炭素で効率のよい「水素社会」を実現し、同時に水素関連技術で世界を席巻することを願ってやみません。

（注）電力会社からの節電要請に応じて削減した負荷をマイナスの供給量（発電したと同じ効果）とみなし、経済価値化して売買する仕組み。

<table>
<tr><td rowspan="6">選手村地区エネルギー事業</td><td rowspan="6">上記街づくりの一環として、エネルギー整備事業
①水素ステーション施設、水素パイプラインおよび純水素型燃料電池等の整備
②東京2020大会後における、車両（燃料電池バス等）や再開発事業によって整備された各街区への水素供給事業</td><td>東京ガス</td><td>事業者構成企業間の業務調整等</td></tr>
<tr><td>晴海エコエネルギー（東京ガス子会社）</td><td>水素パイプラインの整備、街区への水素供給</td></tr>
<tr><td>JXTGエネルギー</td><td>水素ステーションの整備、車両への水素供給</td></tr>
<tr><td>東芝</td><td rowspan="3">純水素型燃料電池の開発</td></tr>
<tr><td>東芝エネルギーシステムズ</td></tr>
<tr><td>パナソニック</td></tr>
</table>

宮城県富谷市「低炭素水素」サプライチェーンの構築	太陽光発電で製造した水素を水素吸蔵合金カセットに貯蔵し、みやぎ生協組合員の家庭に配達。純水素燃料電池に取り付け、電気や熱に変えて利活用	日立製作所	システム全体の設計、水電解装置や燃料電池などの主要機器を調達・据付。需給バランスを保ちながら水素貯蔵・配送計画を行う全体運用管理
		丸紅	経済性などの課題解決に向けた施策を提言
		みやぎ生活協同組合	水素サプライチェーンの実証運転
福島新エネ社会構想	世界最大級（1万kW規模）の再エネ電力を用いた水素製造工場を福島県浪江町に建設し、2020年をめどに実証運転開始。製造した水素は東京五輪で活用	東芝	プロジェクト全体の取りまとめおよび水素エネルギーシステム全般
		東北電力	再エネ電力を大量に受入れた場合の系統側の安定運用の検証
		岩谷産業	水素の貯蔵・輸送
東京オリンピック・パラリンピック2020			
数値目標	東京都の「水素社会の実現に向けた東京戦略会議」が取りまとめた、2020年までの目標	燃料電池自動車　6000台 燃料電池バス　100台以上 水素ステーション　35ヶ所整備 燃料電池　15万台	
プロジェクト名	概要	参加企業	担当分野
大会後の選手村まちづくり	大会終了後、選手村は「水素タウン」として再整備 超高層住宅棟2棟を含む24棟6000戸の住宅と、商業施設や学校も整備 域内に水素ステーション配備、水素パイプライン敷設	三井不動産レジデンシャルを代表とするコンソーシアム（住友不動産、大和ハウス工業、三菱地所レジデンス等、日本を代表するマンション事業者11社）	三井不動産レジデンシャル……全体とりまとめ 他のマンション事業者10社……住居棟建設、マンション運営・管理

水素社会実証プロジェクト			
プロジェクト名	概要	参加企業	担当分野
北九州水素タウン	製鉄所から発生する副生水素を近隣の住宅や商業施設にパイプラインで供給し、家庭用・業務用の純水素型燃料電池の運転実証試験、太陽光発電や蓄電池との連携実証	新日鐵住金	製鉄所副生ガスを供給
		西部ガス	パイプラインによる水素供給技術の実証
		岩谷産業	純水素型燃料電池の運転実証 フォークリフト向け水素低圧充填機の運転実証
		JXTGエネルギー	家庭用燃料電池、太陽光発電、蓄電池の連携実証 業務用純水素型燃料電池、蓄電池の連携実証
		富士電機	純水素型燃料電池の製造および運転実証
関西国際空港スマート愛ランド構想	クリーンエネルギーの活用とエネルギー効率の向上により、人と地球にやさしい「スマート」なエアポートを目指す	関西エアポート	空港ターミナルビル等への水素エネルギーの供給 FCV、FCリムジンバスの導入、関空・伊丹に水素ステーション整備 FCフォークリフト導入、将来的に関空の全構内車両について完全FC化を目指す 再生可能エネルギー事業を順次展開し、空港島の全エネルギーの見える化システムを整備
京浜臨海部「低炭素水素」活用の実証	風力発電の電力で水素を製造し、貯蔵・圧縮するシステムを整備。横浜・川崎市内の青果市場や工場・倉庫に導入したFCフォークリフトで使用するサプライチェーンの構築を目指す	トヨタ	全体とりまとめ
		東芝	水電解装置の開発・製造
		岩谷産業	水素の貯蔵・圧縮・輸送システム
		豊田自動織機	FCフォークリフトの開発・製造
		トヨタタービンアンドシステム	大容量蓄電池（150kWh）
		日本環境技研	計測・分析・評価等

北海道苫前町における再生可能エネルギー由来不安定電力の水素変換等による安定化・貯蔵・利用技術	風力発電量予測システムで翌日の風況・発電量予測を行い、安定電力は系統に売電。不安定電力で水素を製造し、MCHに変換して需要地に運び、需要地でMCHから水素を取り出して利用	豊田通商	本実証の代表企業。事業性の分析や将来のビジネスプラン策定
		NTTファシリティーズ	風の予測を事前に行い、風力発電装置の発電量を予測するシステムの開発
		川崎重工	水素を製造する水電解装置の開発と運営
		フレイン・エナジー	水素をトルエンと反応させ、MCHに変換する水素添加装置および脱水素装置の開発と運営
		テクノバ	豊田通商とともに、事業性の分析やビジネスプラン策定
		室蘭工業大学	フレイン・エナジーとともに脱水素装置の性能を向上させるための脱水素触媒の開発

国際水素サプライチェーン実証プロジェクト

プロジェクト名	概要	参加企業	担当分野
液化水素によるサプライチェーン	豪州ビクトリア州の褐炭を使って水素を製造し、液化して液化水素運搬船で日本に運ぶ。水素製造過程で発生するCO_2はCCSで回収・貯留	川崎重工	液化水素タンカーの建造および海上輸送
		岩谷産業	液化水素の製造および荷役技術
		電源開発	褐炭ガス化技術
		シェルジャパン	日本側の受け入れ設備（神戸空港島）
有機ハイドライドによるサプライチェーン	ブルネイの未利用天然ガスから水素を製造し、メチルシクロヘキサンに変換してタンカーで日本に輸送。日本で脱水素プラントで水素化	千代田化工建設	有機ハイドライド法「SPERA水素」システム開発 ブルネイに水素化プラント、川崎臨海部に脱水素プラントを建設し、システム全体を運営
		三菱商事・三井物産	プロジェクト支援
		日本郵船	海上輸送

P2G（Power to Gas）実証プロジェクト			
プロジェクト名	概要	参加企業	役割と狙い
長崎県五島市浮体式洋上風力発電	風力発電の余剰電力を使って水素を製造、一部を電力需要の大きい福江島に有機ハイドライドで輸送	戸田建設	浮体式洋上風力発電所の建設・運営・管理
		日立製作所	浮体式洋上風力発電機の開発・製造 有機ハイドライド法技術開発および関連機器製造
スマートホテルプロジェクト（変なホテル第2期棟）	太陽光発電と水素貯蔵による自立型エネルギーシステムを導入。客室に必要な電力を自給自足	ハウステンボス	太陽光と水による水素エネルギーで完全自給自足のスマートホテルを運営
		東芝	再エネ水素を活用したCO_2フリーの自立型水素エネルギー供給システム「H_2One」の開発・納入
山梨県米倉山水素エネルギー社会実現に向けたP2Gシステムの技術実証	太陽光発電の電力により水素を製造し、貯蔵および利用するP2Gシステムの技術開発および運用	山梨県	再エネ拡大促進、関連産業振興
		東レ	電解質膜、電極材料など、燃料電池や水電解向け材料の開発
		東京電力HD	エネルギー効率利用や再エネに係る技術開発
		東光高岳	電力ネットワークの監視・制御
仙台市茂庭浄水場「電力・水素複合エネルギー貯蔵システム」	太陽光発電の余剰電力で水素を製造・貯蔵 実証項目は、①太陽光発電の出力変動を平準化、②災害時の非常用電源確保	前川製作所	電力・水素複合エネルギー貯蔵システムの設計および設置
		神鋼環境ソリューション	水電解装置
		日本ケミコン	電気2重層キャパシタ
		北芝電機	電力制御系技術

水素吸蔵合金	日本製鋼所	独自技術により、AB5型レアアース系合金「ハイドレージ™」を開発 合金粉末を容器内に高密度、均一に充填、水素吸収時の合金の体制膨張作用を緩和
	バイオコーク技研	水素とマグネシウムを反応させて水素吸蔵化合物マグ水素（MgH_2）を製造する技術を開発 車載用の水素貯蔵装置として商品化を目指し、大量生産システムを開発中

水素の輸送・貯蔵		
高圧ガス	JXTGエネルギー	水素ステーション設置数トップ。水素の輸送はトラックによる高圧ガス輸送が主体 45MPa専用トレーラーを導入し、効率的に大量輸送できる体制を整備
高圧ガス	高圧水素ガス輸送用容器の主なメーカー……JFEコンテイナー、サムテック、高圧ガス工業、関東高圧容器製作所、高圧昭和ボンベ等	
液化水素	岩谷産業	液化水素市場で国内製造シェア100%、輸送シェア80%のダントツ企業 水素ステーション向け輸送では、高圧水素ガスと液化水素を使い分け
液化水素	川崎重工	日本で初めて、液化水素輸送用のコンテナを開発（2005年） LNGタンカーで培った技術と経験を活かして、液化水素運搬船の開発に取り組み
MCH	千代田化工建設	有機ハイドライド法の開発を推進。2013年より1万時間の実証実験を行い、「SPERA水素」の商標名で外販。今後プラントの規模拡大、効率化、低コスト化を進め、大量輸送に備え
MCH	フレイン・エナジー	2001年設立のベンチャー企業。有機ハイドライド法による水素貯蔵・水素供給装置を製造 FCV搭載を視野に、コンパクトサイズのオンボード型を開発
アンモニア	昭和電工	広島大、産総研、豊田自動織機、大陽日酸と共同で、アンモニアから水素を分離・精製する装置を、実証システムの1/10スケールで開発に成功
アンモニア	澤藤電機	岐阜大学との共同研究により、プラズマによって常温・常圧・無触媒でアンモニアから高純度水素を製造する「プラズマメンブレンリアクター」を開発
水素吸蔵合金	日本重化学工業	水素吸蔵合金のトップメーカー。車載用水素貯蔵タンクの開発に注力 イワタニ液化水素型ステーションでボイルオフガスの回収・貯蔵用に同社の吸蔵合金活用
水素吸蔵合金	中央電気工業	水素吸蔵合金の主要な用途先であるニッケル水素電池のトップサプライヤー 長寿命化、大容量化、軽量化等の技術改良でHV用バッテリーの主流に
水素吸蔵合金	三徳	レアアースの大手企業。レアアースを材料とする水素吸蔵合金に強み 主な用途はニッケル水素電池の負極材料

旭硝子	水電解装置の心臓部ともいえる部材イオン交換膜のトップサプライヤー 膜機能（陽イオン選択性）を高めた新製品「フォアブルー™Sシリーズ」をリリース（2017年11月）
バイオガスから水素製造	
三菱化工機	福岡市で下水バイオガスから水素を製造して利活用する実証事業（2014年度～）に主導的立場で参画 水素製造装置は同社製「HyGeia-A」
エア・ウォーター／鹿島建設 ほか	北海道鹿追町で家畜糞尿由来の水素サプライチェーン構築の実証（2015～2019年度） 水素製造装置はエア・ウォーター製「VH」
ジャパンブルーエナジー	下水汚泥や木くずなどをガス化し高純度水素ガスを取り出す水素製造プラント「BLUEタワー」を開発。未だ実証段階だが、中国、カナダでも事業展開
正興電機製作所	山口大学、日本下水道事業団との共同研究で、下水処理水と海水の塩分濃度差を利用した水素製造システムを開発。山口県周南市の下水浄化センターに実験プラントを建設
人工光合成（研究開発）	
豊田中央研究所	2011年人工光合成の実証実験に世界で初めて成功 2016年ギ酸の合成で太陽エネルギー変換効率世界最高の4.6％を実現
東芝	2014年世界最高（当時）のエネルギー変換効率1.5％を実現 2020年代後半の実用化を目指す
パナソニック	ニオブ系光触媒により変換効率向上を目指す 将来的には、工場などが排出するCO_2を吸収しエタノールを製造する人工光合成プラントも
三菱ケミカル／TOTO	2018年1月NEDOおよび人工光合成化学プロセス技術研究組合と共同で、大面積化・低コスト化を実現する新しい光触媒パネル反応器を開発

水素製造販売	
JXTGエネルギー	製油所で脱硫用の水素を大量に製造。全国に40ヶ所の水素ステーションを展開 本牧事業所でLPGを原料に水素を製造し、首都圏の水素ステーションに水素を供給
トクヤマ	苛性ソーダ工場の副生水素を活用し、水素サプライチェーン構築の実証実験開始（2015年） 岩谷産業との合弁会社山口リキッドハイドロジェンを設立し、液化水素製造事業にも参画
昭和電工	使用済みプラスチックからガス化法により水素を製造。アンモニアの原料に 2015年より川崎市と共同でこの水素を川崎臨海部の需要家に供給する実証事業開始
大陽日酸	産業ガスのトップメーカー。国内に水素製造拠点を多数持ち、全国の需要家に供給
エア・ウォーター	産業ガス2位。工業用水素ガスのシェアは約12%。国内に圧縮水素製造拠点8ヶ所 独自の熱中和型天然ガス改質によるオンサイト方式の水素ガス製造装置「VH」を開発
岩谷産業	産業用水素のトップサプライヤ―（シェア55%）。特に液化水素の製造・販売はシェア100% 1978年わが国初の商用液化水素製造プランを稼働、現在3拠点で生産能力18,000L/h
水電解装置メーカー	
旭化成	世界最大級（1万kW規模）のアルカリ水電解装置を開発（実証中） ドイツでも同型機（実証機）を設置。今後マーケテイングン活動も進める方針
東芝	次世代型水電解装置SOECの開発に取り組み
神鋼環境ソリューション	世界に先駆け、PEM型高純度水素酸素発生装置「HHOG」を開発・商品化 国内外で納入実績160台以上
日立造船	PEMオンサイト型「HYDROSPRING®」を製造販売 小容量（1Nm³/h）から大容量（数百Nm³/h）まで幅広いラインアップを取り揃え
GSユアサ	1982年にPEM型水電解セルを商品化、1996年には水素ガス発生装置を商品化 小容量タイプ主体（0.1N～5Nm³/h）

第４章　水素発電

水素焚きガスタービン開発企業	
三菱日立パワーシステムズ	発電事業用大型ガスタービンの開発において30％（体積比）の水素混焼試験に成功（2018年1月）、水素30％混焼により発電時のCO_2排出量を10％低減 水素専焼ガスタービンは研究開発段階。2020年頃から設計、実証運転に入り、2030年までに実証完了を目指す
川崎重工	独自開発の「追い焚き型焼成器」を搭載した1700kW級ガスタービンの実証運転を、同社明石工場で2015年から開始 大林組と共同で、神戸市ポートアイランド地区に水素発電所を建設。世界で初めて、市街地で水素による熱と電気を近隣の公共施設に供給するシステムの実証試験を2018年2月より開始
IHI	ジェットエンジンやターボチャージャーなどの技術を応用して、水素混焼発電システムを開発、商品化 主な製品は、水素を約10％含む都市ガスを燃料とした小型ガスタービン「IM270」、水素を50％含む天然ガスを燃料とした中型ガスタービン「IM5000」

セパレータ	アイテック	ステンレス製セパレータに表面処理を施すことで、金属製の長所を活かしつつ、高温・高湿（酸性）条件下でもカーボン製とほぼ同等な性能を得ることに成功
	サイベック コーポレーション	チタン材に精密プレス加工技術でハイスペックの流路形成を施した金属セパレータを開発
SOFC型燃料電池の部材メーカー		
SOFC部材	第一稀元素化学工業	ジルコニウム化合物の世界トップメーカー（シェア5割超） SOFC向け電解質材料で圧倒的な強みを発揮。電極材料でも高いシェア
	日本触媒	独自に開発したセラミック粉体加工技術とセラミック焼成技術により、ジルコニアシートおよびセルの量産化を実現
	住友金属鉱山	SOFC電極用材料として、微細で高純度な酸化ニッケル粉を開発 新居浜研究所近隣に量産化実証設備の導入を計画（2018年度前半目途）
	日本ガイシ	円筒平板型SOFC発電モジュールを開発。すべてにセラミックスを採用した独自設計により、高効率発電と高耐久性の両立を可能に
	日本特殊陶業	日立造船が開発する20kWのSOFCに平板型セルスタックを提供 三菱日立パワーシステムズと提携し、円筒型セルスタックの量産技術開発
	TOTO	衛生陶器の生産技術を応用した独自の湿式法により、低コストのセル製法を確立 家庭用SOFCシステム用のスタック・モジュールの商品化を推進中

触媒層	帝人	白金を使用しないカーボンアロイ触媒の開発推進。2025年までの実用化を目指す
ガス拡散層	東レ	ガス拡散層基材のトップメーカー。トヨタ「MIRAI」、ホンダ「クラリティ FC」に相次いで採用 愛媛工場に大型生産設備（滋賀事業場の約5倍）新設
	東邦テナックス（帝人グループ）	廃水性能を大幅に高め、強度や柔軟性も備えたカーボンクロス基材を開発・製品化 高結晶性黒鉛のナノファイバーを使った超薄型カ－ボンクロスの開発にも着手
	三菱ケミカルHD	炭素繊維・複合材料技術をベースとして開発したカーボンペーパーを「パイロフィル®GDL」の製品名で販売
	日本バイリーン	不織布の大手メーカー。不織布構造の導電性多孔シートによるガス拡散層基材を開発
セパレータ	日清紡ケミカル	家庭用燃料電池向けカーボンセパレータで高いシェア（トップシェア）を獲得 FCV向けに日清紡HDのカーボンアロイ触媒とセットでカーボンセパレータを開発中
	昭和電工	黒鉛微粉と樹脂の複合材料を使い、高導電性と薄肉化を実現した、カーボン樹脂モールドセパレータを製品化
	東海カーボン	セパレータおよび集電材用の材料として、樹脂を含浸させて不透過性を確保した黒鉛材を提供
	FJコンポジット	2002年起業のベンチャー企業。炭素系複合材に強み。黒鉛と熱硬化性樹脂を配合した材料を使って、プレス加工と加熱を分離する独自の製造方法により、低コスト化を実現
	新日鐵住金	セパレータ用材料として、ステンレス鋼箔を開発。軽量化、コンパクト化、低コスト化が可能に 2015年には、特殊圧延チタン箔の製造技術を開発
	神戸製鋼所	カーボン系材料を表面コーティングした、チタン製セパレータ素材を開発。長期耐久性と高導電性の両立を実現、燃料電池自体の小型化や軽量化にも寄与
	トヨタ紡織	チタン製セパレータで、独自の精密プレス加工技術により水素の微細流路形状を実現し、発電効率向上に寄与（トヨタMIRAIに採用）
	エノモト	山梨大学と共同で、ガス拡散層一体型金属セパレータを開発 今後実用化に向けた量産技術を確立し、FCVやエネファームへの参入を目指す

業務・産業用	ブルーム エナジー（米）	SOFC	2001年起業のベンチャー企業。パッケージ型の低コストと初期費用不用の販売方式で、米国で急成長。2013年日本上陸（ソフトバンクと合弁）
	フューエルセル エナジー（米）	MCFC	大型の産業用に強み。韓国にPOSCOと合弁で製造・販売拠点設立。日本を含むアジア諸国への販売を視野に
	バラード・パワー・システムズ（加）	PEFC	燃料電池開発の草分け的存在。日本に合弁会社「荏原バラード」設立したが、2009年撤退。移動式コンテナ発電システムで再上陸を窺う
PEFC型燃料電池の部材メーカー			
電解質膜材料	旭硝子		PEFC向けフッ素系電解質膜の老舗でトップ企業 SOFC向けには、クエン酸合成法により、低コストで反応性のよい製品を製造
	旭化成		旭硝子と並ぶフッ素系電解質膜の大手供給メーカー 炭化水素系電解質膜の開発でも実績
	JSR		炭化水素系電解質膜の量産体制を確立。自動車向けで実績（ホンダのFCVに採用）。エネファーム向けにも展開
	ニッポン高度紙工業		独自に開発したiO膜（無機／有機ナノハイブリッド膜）を使った電解質膜を開発中。耐酸化性、ラジカル耐性に優れ、価格的にも従来のフッ素系、炭化水素系と比べ低価格
	凸版印刷		独自のインク化技術、塗工技術、ラミネート技術を駆使して、理想的なMEAの開発に取り組む
触媒層	田中貴金属工業		燃料電池用触媒の世界トップメーカー。2013年専用工場建設、研究開発から製造まで一体化 高耐久化、高性能化、白金使用量低減を目指し研究開発に注力
	石福金属興業		導電性カーボン担体に白金系ナノ粒子を担持した触媒を製品化 白金の量を1/10に減量可能な触媒の量産技術開発を2020年の実用化目指し開発中
	キャタラー		排ガス触媒メーカー。電極触媒をトヨタと共同で開発し、「MIRAI」に搭載される燃料電池に採用
	エヌ・イー ケムキャット		PEFC用電極触媒として、Pt/カーボン触媒を製品化 新たに白金量低減と触媒活性向上を可能にするPtコアシェル／カーボン触媒を開発中
	日清紡HD		白金を使用しないPEFC用の触媒を世界ではじめて実用化 フォークリフト用PEFCへの適用に向け、カナダ・バラード社と共同開発

第3章 燃料電池

燃料電池メーカー			
家庭用	パナソニック	PEFC	エネファームのトップメーカー。新製品は東京ガスとの共同開発が多い 欧州でも燃料電池事業を展開。独フィスマングループと提携し、2014年より販売開始
	東芝	PEFC	パナソニックと並ぶエネファーム大手だったが、2017年7月エネファーム製造・販売から撤退 純水素型PEFCは引き続き生産（⇒業務・産業用）
	アイシン精機	SOFC	SOFC型エネファーム唯一のメーカー（大阪ガス、京セラ、トヨタとの共同開発）
	長府製作所	PEFC SOFC	石油給湯器のトップメーカー。エネファームでは、大阪ガス、東芝と関係が深い 上記SOFC型エネファーム開発パートナーの1社
	リンナイ	PEFC	ガス器具のトップメーカー。主としてパナソニック製エネファーム向けに貯湯ユニットを供給
	ノーリツ	PEFC SOFC	ガス器具、給湯器の大手メーカー。主として大阪ガスのエネファーム（東芝製、アイシン精機製）向けに貯湯ユニットを供給
業務・産業用	富士電機	PAFC SOFC	2017前半まで国内唯一の業務用燃料電池メーカー。PAFC累計出荷台数75台 SOFCの開発にも取り組み、2014年度よりNEDOの助成を受け実証実験中
	京セラ	SOFC	SOFCスタックの最大手。SOFC型エネファーム向けにほぼ独占的に供給 出力3kWの小型業務用SOFCを開発し、2017年7月より受注開始
	三浦工業	SOFC	住友精密工業と共同で、住友精密の発電モジュールと三浦工業のボイラー技術を組み合わせ、出力4.2kWのSOFCを開発。2017年10月より販売を開始
	デンソー	SOFC	2015年度より「NEDOプロジェクト」に採用され、東邦ガスと共同で、5kW級SOFCを開発中
	日立造船	SOFC	NEDOの助成を受け、出力20kWのSOFCの実証実験を開始。2018年1月実証開始の2号機で発電効率52%超を達成。2018年度中の市場投入を目指す
	三菱日立パワーシステムズ	SOFC	SOFCとマイクロガスタービンを組み合わせた加圧型複合発電システムを開発（250kW）。2018年1月初受注（丸ビル向け）。本格運転開始は2019年2月
	東芝エネルギーシステムズ	PEFC	3.5kW、100kWのPEFCを開発済み。発電効率は50%超とSOFC並み 1000kWの大型機を、2019年リリースを目指し開発中

パッケージ型ステーション	日本製鋼所	鋼製蓄圧器に小型ダイヤフラム圧縮機を組み合わせてユニット化した小規模水素ステーション向けパッケージユニットを開発・製品化
	キッツ	2018年4月長坂工場に小型パッケージユニットを用いた自家用の水素ステーションを建設。将来的には外販も視野に
	鈴木商館	FCフォークリフト用簡易充填パッケージ。カードルなどの高圧ガス容器から差圧で充填するため、圧縮機や蓄圧器などが不要となり通常の1/10以下のコストで導入可能
	ヤマト・H2 Energy Japan	簡易型水素ステーション。新継手の採用など漏れ対策やメンテナンスコストを下げ、シンプルな強みに特化することで、大型ステーションよりも大幅にコストダウン

ディスペンサー構成部品	横浜ゴム	補強層に金属ではなく特殊合成繊維を採用した軽量で柔軟性に優れるホースを岩谷産業と共同開発。2015年販売開始
	大阪ラセン管工業	日本で初めてのフレキシブルチューブ・ベローズ（伸縮継手）の専門メーカー 独自に開発した全金属製フレキシブルホースをベースに水素充填用ホースを製品化
	高石工業	水素充填機の接続部に使うゴムパッキン「Oリング」を製造 -40℃～180℃の温度変化に耐える製品を開発、数10基の水素ステーションに納入
	長野計器	圧力計測の専業メーカーとして、世界最大規模の生産・販売力 圧縮機、蓄圧器、水素ディスペンサーに設置する圧力計および圧力センサーを製造
	オーバル	水素ディスペンサー向けに、超高圧形コリオリ流量計を開発 120MPa対応で、接液部に溶接箇所はなく、高圧ガスの計測に適した構造
共通の部品・製品	フジキン	宇宙ロケット用バルブ開発の経験と技術を活かし水素ステーション用バルブのトップメーカーに 製品ラインナップは、バルブ、継手、遮断弁、逆止弁、フィルター、FCV用安全弁など
	キッツ	水素ステーション向けのバルブを国内で初めて開発。ボールバルブ方式で、水素充填時間を大幅に短縮。国内のほぼ全ステーションで同社バルブを採用
	理研計器	産業用ガス計測器のトップメーカー 水素ステーション向け、FCV向けに幅広く水素ガス検知器を提供
	新コスモス電機	家庭用ガス警報器のトップメーカー 水素防爆対応の吸引式検知器等水素ステーション用に進化したガス検知器を数多く開発
パッケージ型ステーション	神戸製鋼所	パッケージ型水素ステーションユニット「HyAC mini」を開発（2014年2月） 特長は、コンパクトな機器構成で省スペース、蓄圧器が追加でき拡張性の高いユニット等
	大陽日酸	主要機器をコンパクト化、軽量化し、20ftコンテナ程度の大きさにユニット化 商用水素ステーションへの納入実績は、移動式19ヶ所、定置式4ヶ所
	エーテック	岩谷産業の子会社。独リンデ社のイオニック式圧縮機を中核にユニット化した定置式、および必要な機器を1台のトラックに一括搭載した移動式の双方を製造
	ホンダ	高圧水電解システムをパッケージ型に収納した「スマート水素ステーション（SHS）」を開発 岩谷産業との共同事業で、さいたま市と北九州市を皮切りに、これまで全国15ヶ所に設置

蓄圧器	日本製鋼所	材料に強度と粘り強さに優れた高強度鋼パイプを使用 高強度鋼と高耐久化加工技術を組み合わせ、300L鋼製蓄圧器を開発・商品化
	サムテック	米国の航空宇宙産業で培った高圧容器技術を逆輸入して、蓄圧器の開発に取り組み アルミライナーと炭素繊維の複合容器。日本の8割以上の水素ステーションに納入
	八千代工業	樹脂製燃料タンクを主力とするホンダ系列の部品メーカー。プラスチック製のライナーに炭素繊維を巻きつけた複合容器による蓄圧器を開発。製品化に向けた開発中
	中国工業	樹脂製ライナーに炭素繊維を巻きつけた複合容器蓄圧器の大型化に向けた実用化技術開発を推進（NEDOとの共同研究）。製品化に向けた開発に着手
プレクーラー	神戸製鋼所	水素ステーション向けに、高性能でコンパクトな熱交換器を開発。納入実績100基以上 素材として、日本冶金工業が開発した、耐水素脆化性の高い特殊なステンレスを使用
	WELCON	2013年から拡散接合技術を応用した水素ステーション向けの熱交換器「WEL-Cool H2A」を製造・販売。さらにコンパクト化、低価格化した「WEL-Cool H2C」を開発
	オリオン機械	水素ステーション用チラー（冷却装置）で業界トップ 独自技術でプレクールチラーやインバータチラーなどを開発・商品化
	伸和コントロールズ	半導体製造装置用温調装置の技術を応用して、水素充填中の水素ガス温度を高精度に制御。装置の省スペース・省エネルギー化を実現
ディスペンサー	タツノ	ガソリン計量機で常に国内シェア60%以上を保持するトップメーカー 水素ディスペンサーでもシェア5割
	日立オートモティブシステムズメジャメント	2018年3月末時点で26ヶ所の商用水素ステーションにディスペンサーを納入 コンパクト化を実現したニューモデル「NEORISE」をリリース（2016年モデルチェンジ）
	大陽日酸	2005年に当時としては高圧型の70MPa水素ディスペンサーを開発・製品化 ディスペンサー、プレクーラーの納入実績多数
ディスペンサー構成部品	日東工器	迅速流体継手（カプラ）の最大手メーカー。水素充填用ノズル、レセプタクルの双方を製造 ノズルは多くの水素ステーションへ納入。レセプタクルはMIRAIに採用
	ブリヂストン	樹脂に金属ワイヤーを巻きつけた、水素ディスペンサー用フレキシブルホースを開発 JXTGエネルギーの全水素ステーションで採用

第２章　水素ステーション

<table>
<tr><th colspan="3">水素ステーション</th></tr>
<tr><td colspan="2">JXTG
エネルギー</td><td>業界トップとして、FCV普及に向けステーション整備を積極推進（40ヶ所開設済み）
ステーション運営会社ENEOS水素サプライ＆サービス設立（2014年）、水素製造出荷センター開所（2016年）</td></tr>
<tr><td colspan="2">岩谷産業</td><td>日本で最初(おそらく世界初)の商用水素ステーション開設(2014年7月)
FCバスに対応するため、液化水素ポンプを採用した東京有明ステーション開設（2017年3月）</td></tr>
<tr><td colspan="2">日本移動式水素ステーションサービス(ニモヒス)</td><td>日本初の移動式水素ステーションを東京九段に開業（2015年3月）。東京、愛知に5ヶ所開設
通常の定置式に比べ、敷地面積は1/3程度、建設コストも工期も半分程度</td></tr>
<tr><td colspan="2">日本
エア・リキード</td><td>産業ガスの世界最大手エア・リキードグループの日本法人
国内に6ヶ所開設済み（うち2ヶ所は豊田通商との合弁）
2021年度までの4年間で約20ヶ所の建設を目指す方針</td></tr>
<tr><td colspan="2">東京ガス</td><td>2003年から千住事業所構内に水素ステーションを設置し、実証事業
複数のステーションを「マザー＆ドーター方式」で運営</td></tr>
<tr><td colspan="2">巴商会</td><td>東京新砂にコンパクトな都市型ステーション開設（2017年7月）
徹底したコンパクト化と低コスト化で、今後の都市部での水素ステーションのモデルにも</td></tr>
<tr><th colspan="3">水素ステーション関連機器</th></tr>
<tr><td rowspan="3">水素製造装置</td><td>三菱
化工機</td><td>水素製造装置のトップメーカー。工業用にはこれまで120基以上の販売実績あり
水素ステーション向けに新しい小型水素製造装置「HyGeia-A」を製品化し、納入実績多数</td></tr>
<tr><td>大阪ガス</td><td>従来の小型水素発生装置「HYSERVEシリーズ」の大容量モデル「HYSERVE-300」を開発
子会社大阪ガスエンジニアリングを通じて今後建設される水素ステーションへ販売を開始</td></tr>
<tr><td>日立造船</td><td>九州大学の「スマート燃料電池社会実証」の中核的事業、再生可能エネルギー利用による水素ステーション向けの水素製造システム「HYDROSPRING®」を開発・納入</td></tr>
<tr><td rowspan="3">圧縮機</td><td>神戸
製鋼所</td><td>世界トップクラスのプロセス用レシプロ圧縮機メーカー
水素ステーション用に独自開発した、無給油式高圧圧縮機「HyAC」シリーズは国内シェア約30％</td></tr>
<tr><td>加地
テック</td><td>高圧圧縮技術に強み。当社の水素ステーション用圧縮機の特徴は、差圧充填方式の一括昇圧式で、機器構成やコスト面で優位性</td></tr>
<tr><td>日立
製作所</td><td>NEDOの委託を受け、水素ステーション向けに、大容量・高効率の100MPa級圧縮機を開発</td></tr>
</table>

高圧バルブ	ジェイテクト	トヨタ系の大手部品メーカー。同社が開発した水素タンク用高圧水素供給バルブおよび減圧弁がMIRAIに採用
	ケーヒン	ホンダ系最大級の部品メーカー。世界基準「GTR No.13」適合の高圧水素供給バルブ開発 宮城第一製作所に新たな生産設備を導入し、量産体制確立
	ハマイ	FCV水素タンク向けにチャタリング抑制機構搭載のバルブを開発・販売開始（2017年7月） 衝突事故・火災時に水素タンクから水素を逃がす「安全栓」を開発

第１章 究極のエコカー燃料電池自動車

燃料電池自動車（FCV）		
FCV戦略	トヨタ	2014年12月FCV「MIRAI」発売。2017年2月FCバス発売（いずれも世界初の一般向け販売） FCV関連の特許5,680件をすべて無償で公開
	ホンダ	2016年3月FCV「クラリティ FC」発売 GMと合弁で米国内に燃料電池システム量産工場建設（2020年頃より稼働）
	日産	2016年、水素ではなくバイオエタノールを燃料とするFCV「e-Bio Fuel-Cell」の技術を発表 世界で初めてSOFCを車両に搭載
	FCV共同開発の国際提携	トヨタ ― BMW ルノー・日産 ― ダイムラー、フォード ホンダ ― GM
産業用車両	豊田自動織機	国内初の市販FCフォークリフト「ジェネビー」を市場投入（2016.11）
	三菱 ロジスネクスト	旧ニチユ三菱フォークリフトが、Plug Power社（米）、ヤマト・H2Energy Japanと共同で、すでにFCフォークリフトを開発済み
燃料電池自動車（FCV）部材		
PEFCセル・スタック		270～268頁参照
車載水素タンク	東レ	炭素繊維素材の世界トップメーカー。高圧水素タンク用高強度炭素繊維の市場独占 韓国と米国で製造設備を新規に建設。韓国は2018年中に稼働予定
	ミズノテクニクス	ミズノのスポーツ製品製造子会社。タンクの外殻部分の素材に、当社が開発した炭素繊維FPR製品「トウプリプレグ」が採用
	宇部興産	ライナー用ナイロン材料をトヨタと共同開発。これを使った高圧水素タンクがMIRAIに搭載 高圧水素タンクのライナー適用材料としてグローバルに供給する体制を整えていく方針
	JFEコンテイナー	ライナー材にアルミを使った、アルミ・カーボンFRP容器を開発 FCV用バルブ、ノズル、レセプタクルや、高圧水素ガス容器等も製造

巻末資料

「水素エネルギー」ビジネス
企業動向一覧

ラ行

マ行

ヤ行

ナ行

ハ行

タ行

索引——企業・大学・自治体・その他法人

ア行

【著者紹介】
西脇文男（にしわき　ふみお）
環境エコノミスト。東京大学経済学部卒業。日本興業銀行取締役、興銀リース副社長、DOWAホールディングス常勤監査役を歴任。2013年9月より武蔵野大学客員教授。著書に『再生可能エネルギーがわかる』(日本経済新聞出版社)、『レアメタル・レアアースがわかる』（同）などがあるほか、訳書に『Fedウォッチング――米国金融政策の読み方』(デビッド. M. ジョーンズ著、日本経済新聞社)がある。

日本の国家戦略「水素エネルギー」で飛躍するビジネス
198社の最新動向

2018年7月19日　第1刷発行
2021年8月25日　第3刷発行

著　者――西脇文男
発行者――駒橋憲一
発行所――東洋経済新報社
〒103-8345　東京都中央区日本橋本石町1-2-1
電話＝東洋経済コールセンター　03(6386)1040
https://toyokeizai.net/

装　丁……………………泉沢光雄
本文レイアウト・DTP……タクトシステム
印刷・製本………………丸井工文社

ISBN 978-4-492-80087-4